C.H.BECK ■ WISSEN

in der Beck'schen Reihe

W0090301

Dieses Buch gibt einen informativen Überblick zur thüringischen Landesgeschichte einschließlich der Ur- und Frühgeschichte. Es bringt dem Leser jene klar umrissene Landschaft in der Mitte Deutschlands nahe: vom Königreich der Thüringer über die Landgrafschaft Thüringen und sprichwörtliche Kleinstaatenwelt bis hin zum heutigen Freistaat. Dabei erschließt sich auch die Bedeutung Thüringens als «Herzland deutscher Kultur» um Weltkulturerbe Wartburg und Weimar.

Steffen Raßloff, geb. 1968, ist promovierter Historiker und publiziert seit vielen Jahren zur Geschichte Thüringens und der Thüringer.

Steffen Raßloff

GESCHICHTE THÜRINGENS

Verlag C.H.Beck

Mit 2 Karten

Originalausgabe
© Verlag C.H.Beck oHG, München 2010
Umschlag: Uwe Göbel, München
Satz: Fotosatz Amann, Aichstetten
Druck und Bindung: Druckerei C.H.Beck, Nördlingen
Printed in Germany
ISBN 978 3 406 60523 9

www.beck.de

Inhalt

I. Einleitung

Der Freistaat Thüringen zählt mit einer Fläche von rund 16 000 Quadratkilometern und 2,2 Millionen Einwohnern zu den kleineren Ländern der Bundesrepublik Deutschland. Er kann allerdings auf eine mehr als 1500-jährige Geschichte zurückblicken, die besonders im kulturhistorischen Bereich von erheblicher Bedeutung ist. Dafür stehen Beinamen wie «Herzland deutscher Kultur», «Kernland der Reformation», «Heimat der Bach-Familie», «Land der Klassik», «Geburtsstätte des Bauhauses». Viele bedeutende Persönlichkeiten haben in dem kleinen Land mit großer Geschichte nachhaltige Spuren hinterlassen. In Thüringen liegen zugleich Zentren deutscher Kultur und deutscher Barbarei dicht beieinander. Hierfür steht wie kaum ein anderer Ort die Kulturstadt Weimar mit den UNESCO-Welterbestätten von der Goethezeit bis zum Bauhaus, über denen der Glockenturm der Gedenkstätte Buchenwald an die Barbarei des Nationalsozialismus in Hitlers «Mustergau» erinnert.

Die traditionsreiche Kulturlandschaft um das Welterbe Wartburg und Weimar war jedoch bis ins 20. Jahrhundert hinein kein einheitliches Staatsgebilde, sondern vielmehr Inbegriff deutscher Kleinstaaterei. Das mittelalterliche Kaisertum und die Regionalmächte hatten bis zum Dreißigjährigen Krieg 1618/48 ein stark föderales Gefüge für das Deutsche Reich ausgeprägt. Einigen Gebieten insbesondere Südwest- und Mitteldeutschlands bescherte dies zahlreiche weltliche und kirchliche «Duodezfürsten». In Thüringen nahm die Zersplitterung extreme Formen mit zeitweise bis zu 30 staatlichen Gebilden an und hielt sich so lange wie in keiner anderen Region. Dies veranlasste die preußisch-nationale Geschichtsschreibung des 19. Jahrhunderts, zwar Thüringens kulturelle Impulse für die Nationsbildung zu betonen, zugleich aber dessen unheilvolle Zersplitterung und Machtlosigkeit zu geißeln. «Fast alle anderen Stämme nahmen doch ir-

gend einmal einen Anlauf nach dem Ziele politischer Macht, die
Thüringer niemals. Unsere Kultur verdankt ihnen unsäglich viel,
unser Staat gar nichts», urteilte der Berliner Historiker Heinrich
von Treitschke 1882 über die Thüringer.

Galt Thüringen auch über Jahrhunderte als «Musterland der
Kleinstaaterei», so bestand doch das landsmannschaftliche Bewusstsein einer «Einheit in der Vielfalt», die sich auf das Königreich der Thüringer im 6. Jahrhundert und die glanzvolle ludo-
wingische Landgrafschaft Thüringen im 12. und 13. Jahrhundert
als historische Bezugspunkte berufen konnte. Im 19. Jahrhundert
kamen ernsthafte Bestrebungen nach einer Einigung Thüringens
auf, die im 20. Jahrhundert schrittweise verwirklicht wurden.
1920 bildete sich aus sieben ehemaligen Herzog- und Fürstentü-
mern der Freistaat Thüringen mit der Hauptstadt Weimar. Nach
Ende des Zweiten Weltkrieges 1945 kamen die vormals preußischen Gebiete mit der «heimlichen Hauptstadt» Erfurt hinzu,
das nun auch die tatsächliche Hauptstadtrolle übernahm. Im
Zuge der Einführung des «demokratischen Zentralismus» in der
DDR wurde das Land Thüringen jedoch 1952 wieder aufgelöst
und in die Bezirke Erfurt, Gera und Suhl geteilt. Mit der deutschen Wiedervereinigung trat schließlich am 3. Oktober 1990
das Bundesland Thüringen mit der Hauptstadt Erfurt ins Leben,
das sich 1993 in seiner Verfassung den Namen Freistaat Thüringen gab.

Heute fällt der Blick auf die prägende kleinstaatliche Vergangenheit weniger kritisch aus als beim borussischen Machtstaats-
Verfechter Treitschke. Vielmehr verkörpert Thüringen in beson-
derer Weise die kulturgeschichtlichen Vorzüge des Föderalismus
in Deutschland. Fürstlicher Repräsentationsgeist bescherte ihm
prächtige Schlösser, Parks, Museen, Bibliotheken und Theater in
einmaliger Dichte, machte es zum Synonym des Landes der
Dichter und Denker. Zwischen Gotha, Weimar, Altenburg und
Meiningen, zwischen Sondershausen, Rudolstadt, Gera und
Greiz entfaltet das «Land der Residenzen» eine ganz besondere
Atmosphäre. Die mittelalterliche Handels- und Kulturmetropole
Erfurt und die einstigen Reichsstädte Mühlhausen und Nord-
hausen runden dieses Bild ab.

Die jüngere Geschichtsschreibung hat zudem bedeutende politische, soziale und ökonomische Innovationskräfte herausgearbeitet. Thüringen entwickelte sich zu einer frühen Hochburg von Nationalbewegung, Liberalismus und Sozialdemokratie. Wichtige Ereignisse wie das Wartburgfest 1817, die Gründung der Deutschen Burschenschaft 1818 in Jena, die Vorbereitung des Nationalvereins in Eisenach 1859, die Gründung der Sozialdemokratie in Eisenach 1869, der Gothaer Vereinigungsparteitag 1875 und der wegweisende Erfurter Programmparteitag der SPD 1891 zeugen davon. Das Großherzogtum Sachsen-Weimar-Eisenach war 1816 ein Vorreiter bei der Entwicklung zum modernen Verfassungsstaat, die in der Weimarer Reichsverfassung 1919 einen ihrer Höhepunkte fand. Im Zeitalter von Industrialisierung und wissenschaftlich-technischem Fortschritt gingen von Thüringen wichtige Impulse aus.

Gut anderthalb Jahrtausende thüringische Landesgeschichte samt ihrem prähistorischen Vorfeld zu erzählen zwingt natürlich zur Konzentration auf die großen Linien eines politikgeschichtlichen Überblicks, der freilich die Wirtschafts-, Sozial- und Kulturgeschichte nicht ausspart. Dabei sollen die Verflechtungen mit den heutigen Nachbarländern ebenso einbezogen werden wie die zahlreichen überregionalen Bezüge der thüringischen Geschichte. Bei Letzteren ist besonders an die von Thüringen ausgehenden kulturhistorischen Impulse zu denken, wie der Minnesang am ludowingischen Landgrafenhof, Luthers Weg zum Reformator und seine Bibelübersetzung auf der Wartburg, die Musik Bachs, das Wirken der Klassiker um Goethe und Schiller oder die Modernisierung von Architektur und Design durch das Bauhaus in Weimar. Auch wenn es sich hierbei um National- und bisweilen sogar um Weltgeschichte handelt, so sind diese Ereignisse und Entwicklungen doch fest in die Landesgeschichte im engeren Sinne verwoben.

Die Anlage dieser Publikationsreihe legt es nahe, das historische Geschehen als eine Art «Vorgeschichte» des heutigen Bundeslandes mit starkem Akzent auf der jüngeren Vergangenheit darzustellen. Dies scheint angesichts der «Einheit in der Vielfalt» einer deutlich umrissenen Geschichtslandschaft durchaus vertretbar. Ohne eine zwangsläufige Entwicklung zum heutigen Freistaat zu unterstellen oder die grundlegenden Wandlungen seit dem Königreich der Thüringer um 500 zu verkennen, hat sich doch der Begriff Thüringen seither fest mit der Region zwischen Harz und Thüringer Wald, zwischen Werratal und Pleißenland verbunden. «Herrschaftliche Zersplitterung und der Zusammenhalt Thüringens als historische, z. T. auch politische Größe», bilden laut Matthias Werner «in fast einzigartiger Weise unter den deutschen Geschichtslandschaften die entscheidenden Grundzüge thüringischer Geschichte». Geschichte und Kultur prägen heute in starkem Maße die Identität der Thüringer und das Bild von jenem viel besuchten Land im Herzen Deutschlands.

II. Ur- und Frühgeschichte

Erste Relikte des Menschen, der sich vor ca. 750 000 Jahren in Europa auszubreiten begann, gehen bis weit in die Altsteinzeit (Paläolithikum) zurück. Die zahlreichen Funde, zunächst v. a. die namensgebenden Steinwerkzeuge, werfen Schlaglichter auf das Leben unserer Vorfahren. Die wichtigsten sind im Museum für Ur- und Frühgeschichte Thüringens in Weimar (1892) zu sehen.

Unter den Fundorten ragen einige deutlich heraus. So finden sich nahe Bilzingsleben bei Sömmerda mit die frühesten Spuren des Homo erectus in Mitteleuropa. Diese archäologische Fundstelle unter einer Travertinschicht, die seit dem Mittelalter abgebaut worden war, hat Überreste einer Gruppe von altsteinzeitlichen Urmenschen aus der Zeit vor ca. 350 000 Jahren zu Tage gefördert, wie sie kaum eine andere in dieser Fülle bietet. Der Homo erectus, aus dem sich der Neandertaler und unser direkter Vorfahre Homo sapiens entwickelte, gilt als erste menschliche Art, die das Feuer benutzte, intensiv jagte, wie ein moderner Mensch laufen konnte und diesem auch schon recht ähnlich sah. Vom Homo erectus bilzingslebensis weiß man, dass er am Rande eines Sees einen Lagerplatz mit Behausungen und Feuerstellen unterhielt, Werkzeuge, Jagdwaffen und andere Geräte aus Stein, Holz, Knochen und Geweih herstellte, Früchte und Pflanzen sammelte sowie gemeinsam Jagd auf Waldnashörner, Biber, Hirsche, Waldelefanten und Bären machte. Die Ausgrabungsstätte mit den ältesten menschlichen Fossilresten in Mitteldeutschland ist nach jahrzehntelangen Grabungsarbeiten mittlerweile auch für Besucher erschlossen worden.

Der auf den Urmenschen folgende Altmensch (früher Homo neanderthalensis) lässt sich ebenfalls mit bedeutenden Funden in Thüringen nachweisen. Bei Ehringsdorf ausgegrabene Skelettreste und Steinwerkzeuge gehen auf die Zeit vor ca. 230 000 Jahren zurück, weitere wichtige Fundstellen liegen bei Taubach und Weimar-Belvedere, alle in ehemaligen Travertinsteinbrüchen. Etwa 90 000 Jahre zurück reichen Funde in der Ilsenhöhle unter Burg Ranis bei Pößneck. An verschiedenen Orten finden sich Zeugnisse des Jetztmenschen (Homo sapiens sapiens), der vor ca. 30 000 Jahren den Neandertaler verdrängte. Er passte sich bereits effektiv der Umwelt an und hob sich kulturell von seinen Vorgängern ab. Die Jagd trat in jener letzten großen Kaltzeit in den Vordergrund, wie die Wildpferdjäger u. a. im Saaletal zeigen. Der Mensch folgte den großen Tierherden, lebte in mobilen Zeltsiedlungen («Freilandstationen») oder zum Schutz vor widriger Witterung in Höhlen und unter Felsdächern.

Der Übergang vom Jäger und Sammler zum Ackerbauern und Viehzüchter vollzog sich in der Jungsteinzeit (Neolithikum). Um 5500 v. Chr. sind die ersten sesshaften Bauern in Thüringen nachweisbar, besonders im fruchtbaren Thüringer Becken und im Altenburger Land. Die Funde zeugen von differenzierteren sozialen Verhältnissen, Fortschritten in Kultur und Technik sowie religiösen Vorstellungen. Genannt sei das 2005 rekonstruierte «Sonnenobservatorium» von Goseck (ca. 4800 v. Chr.) bei Naumburg im benachbarten Sachsen-Anhalt, eine Kreisgrabenanlage mit Palisaden, die vermutlich als Versammlungs-, Handels-, Kult- und Gerichtsplatz diente. Ähnliche Anlagen, deren Zweck nicht eindeutig zu erschließen ist, konnten u. a. bei Seebergen nahe Gotha nachgewiesen werden.

Die Bronzezeit seit der ersten Hälfte des 2. Jahrtausends v. Chr. bildet einen weiteren wichtigen Entwicklungsschub. Aus dem seit Längerem bekannten Kupfer gewann man durch die Legierung mit Zinn das sehr viel härtere Metall Bronze, das die Produktion von effektiveren Werkzeugen und Waffen ermöglichte. Mit dem Metallzeitalter beschleunigten sich die kulturelle Entwicklung und soziale Differenzierung. Eindrucksvolles Zeugnis hierfür ist der auf 1940 v. Chr. datierte große Grabhügel bei Leubingen nahe Weißensee. Reich mit Beigaben aus Bronze und Gold versehen, ruhte hier möglicherweise ein Fürst, der über große Teile des Thüringer Beckens geherrscht haben könnte. Zahlreiche bronzezeitliche Bauern fanden auf dem Mühlberg bei Großbrembach ihre letzte Ruhe, was auf intensive Landwirtschaft verweist. Diese Funde kann man der Aunjetitzer Kultur (1800–1500 v. Chr.) zurechnen.

Von der weit fortgeschrittenen Kultur zeugt die 1999 entdeckte bronzene «Himmelsscheibe von Nebra», einer der spektakulärsten Funde in der Geschichte der Archäologie. Diese weltweit älteste konkrete Himmelsdarstellung wurde ca. 1600 v. Chr. auf einem Berg nahe der Stadt Nebra vergraben, nur wenige Kilometer hinter der heutigen Landesgrenze zu Sachsen-Anhalt. Über einen langen Zeitraum von der Jungsteinzeit über die Bronzezeit bis in die Eisenzeit wurden die Kulthöhlen im Kyffhäuser genutzt, in denen auch Tier- und Menschenopfer dargebracht wurden. Sie zeugen neben Kultfiguren, Bestattungsformen und anderen Hinweisen von bereits deutlich ausgeprägten religiösen Vorstellungen. Auf die Aunjetitzer Kultur folgten die Hügelgräberkultur (1500–1200 v. Chr.) und die Urnenfelderkultur (1200–800 v. Chr.). Die namensgebenden Urnenbestattungen finden sich in großer Zahl bei Erfurt-Melchendorf und am Wiesenhügel.

Die Eisenzeit als letzte der drei großen ur- und frühgeschichtlichen Epochen wird nach wichtigen Fundorten in die Hallstattzeit (800–500 v. Chr.) und die Latènezeit (500 v. Chr. – Zeitenwende) untergliedert. Als Träger dieser Kulturen treten bei antiken Autoren jetzt erstmals zwei große «barbarische» Volksstämme auf, die Kelten und Germanen. Sie haben offenbar zeitweise gemeinsam im Raum Thüringen gelebt, wobei die ethnische Abgrenzung angesichts des engen Kulturkontaktes schwerfällt. Den Kelten zugeordnet wird v. a. der Süden zwischen Werra, Saale und Orla. Die Steinsburg auf dem Kleinen Gleichberg bei Römhild, eine befestigte keltische Höhensiedlung (Oppidum, 6.–1. Jahrhundert v. Chr.), gilt dabei als das größte Bodendenkmal Thüringens. Zahlreiche Funde sind in Weimar und im Steinsburgmuseum (1929) am Fuße der Gleichberge zu sehen. Dort finden sich u. a. die für jene hoch entwickelte Kultur kennzeichnenden Fibeln, die als kunstvolle Gewandspangen dienten.

Die Funde belegen auch den europaweiten Handel, besonders mit dem großen keltischen Kulturraum von West- bis Osteuropa, an dessen Nordgrenze zu den Germanen sich Thüringen befand. Diese Grenzlage machte Thüringen zu einem zentralen Handelsplatz zwischen Kelten und Germanen. Das wertvolle Eisen, mit dem Werkzeuge und Waffen nochmals an Leistungsfähigkeit gewannen, wurde in Form von Barren gehandelt. Bekanntester Beleg hierfür sind die 1845 entdeckten «Schwurschwerter» der Wartburg, bei denen es sich um latènezeitliche Eisenbarren handelt. Mit dem Vordringen elbgermanischer Stämme und dem Verschwinden der keltischen Oppida-Kultur im 1. Jahrhundert v. Chr. setzten jene Prozesse ein, die zur Herausbildung des Stammes der Thüringer und damit zum Beginn der Landesgeschichte im engeren Sinne führen sollten.

III. Stammesbildung und Königreich der Thüringer (Zeitenwende bis 6. Jahrhundert)

In der vorrömischen Eisenzeit vor der Zeitenwende wurden die südlichen Teile Thüringens von den Kelten bewohnt, denen die Region vermutlich wichtige Impulse wie die Eisenmetallurgie verdankte. Im mittleren und nördlichen Teil lebten bereits in der Latènezeit Menschen, die vermutlich den Germanen zugerechnet werden können. Von ihnen zeugt u. a. die Funkenburg bei

Westgreußen (2. Jahrhundert v. Chr. – 1. Jahrhundert n. Chr.) im Thüringer Becken, die bisher einzige komplett erforschte und rekonstruierte (1999) germanische Wehrsiedlung. In den letzten Jahrzehnten vor Christus kam es mit dem Vordringen von Elbgermanen aus dem Raum Altmark und Nordharz zu einem einschneidenden Wandel. Fortan gehörte Thüringen zum germanischen Siedlungsraum, der jetzt auch direkt in das Licht antiker Quellen rückte. Die ersten Bewohner Thüringens, für die ein Stammesname bekannt ist, könnten die elbgermanischen Hermunduren gewesen sein. Sie galten lange als Vorfahren der Thüringer, während die westlich benachbarten Chatten als Vorfahren der Hessen eingestuft wurden. Dies wird von der jüngeren Forschung allerdings mit Blick auf die noch sehr spärlichen Schriftquellen kritisch hinterfragt. Auch wenn ihre Ansiedlung im heutigen Thüringen also nicht unstrittig ist, so stiegen die Hermunduren im 1. Jahrhundert n. Chr. doch zu einer führenden Macht unter den Germanenstämmen des Elbe-Saale-Raumes auf.

Sie standen wie viele benachbarte Germanenstämme in engem Kontakt zum Römischen Reich, sodass beispielsweise die thüringische Archäologie für den Zeitabschnitt von ca. 40 v. Chr. bis zum Beginn der Völkerwanderungszeit 375 n. Chr. von der Römischen Kaiserzeit spricht. Zwar war es infolge der Schlacht im Teutoburger Wald 9 n. Chr. nicht zu einer Unterwerfung der Gebiete Mitteldeutschlands gekommen. Die Kriegszüge der Römer in den Jahren um die Zeitenwende, die auch den Raum Thüringen berührten, blieben die einzigen unmittelbaren militärischen Kontakte. Dennoch gab es gerade bei den Hermunduren Verbindungen zu den Römern. Der römische Autor Tacitus schreibt in seiner ‹Germania› (98 n. Chr.), dass der Stamm der Hermunduren «den Römern treu ergeben» sei. Damit meinte er wohl eher gegenseitige Unterstützung etwa im Kampf gegen andere Germanenstämme. In der kulturellen Überlieferung zeigt sich die Nähe der Hermunduren zu Rom in zahlreichen archäologischen Funden mit wertvollen römischen Gefäßen, Schmuck und Münzen sowie in der Übernahme von fortschrittlicher Technik in Handwerk und Landwirtschaft.

Die Hermunduren bildeten eine Adelsschicht aus, an deren Spitze sich ein Stammeskönigtum etablierte. Funde wie das prächtige Grab der «Fürstin von Haßleben» aus der zweiten Hälfte des 3. Jahrhunderts zeugen davon, soweit man von einer hermundurischen Herkunft ausgeht. Die wirtschaftliche Grundlage bildete eine deutlich weiter entwickelte Landwirtschaft, während sich etwa die Eisenproduktion weitgehend auf den Eigenbedarf beschränkte. In der Kombination von römischen Schriftquellen und archäologischen Funden lässt sich auch eine genauere Vorstellung von der germanischen Götterwelt gewinnen. Wichtigster Fundort ist das vom 1. Jahrhundert v. Chr. bis zum 6. Jahrhundert n. Chr. intensiv genutzte Opfermoor bei Oberdorla nahe Mühlhausen. In dieser Kultstätte mit Heiligtum und Kultsee sind neben zahlreichen Opfergaben auch Idole (Götterfiguren) in Form von geschnitzten Pfählen oder Astgabeln überliefert. Diese können germanischen Göttern wie Wodan oder Freyr, aber auch übernommenen Gottheiten wie der römischen Jagdgöttin Diana zugeordnet werden.

Lange Zeit ging man davon aus, dass der Stamm der Thüringer direkt aus den Hermunduren hervorgegangen sei, ergänzt um Teile der nördlichen Germanenstämme der Angeln und Warnen. Jüngere Forschungen haben dies infrage gestellt, ohne die ethnische Herkunft weiter erhellen zu können. 395 werden die «Toringi» beim römischen Autor Vegetius Renatus in einem Handbuch über Pferde erstmals erwähnt. Der Pferdezüchter und Militärschriftsteller stuft ihre Pferde dort als besonders strapazierfähig und geeignet für den Krieg ein.

Worauf der Name in seinen anfangs zahlreichen Varianten wie «Toringi», «Thoringi», «Thuringi», «Duringi» usw. sprachlich zurückgeht, ist ebenfalls umstritten. Ältere Deutungen leiteten den Namen von den Hermunduren, dem lateinisch Adjektiv durus (= hart) oder dem Donnergott Thor ab; heute wird neben dem Verweis auf die ostgermanischen Terwingi eine Ableitung aus dem germanischen thur (= stark, machtvoll, groß, reich) vermutet, das die Stärke und Größe der Stammesmitglieder betont. Sogar die französische Stadt Tours oder die gallischen Turonen werden als mögliche Namensgeber genannt.

Mögen Stammesbildung und -name auch weiterhin Rätsel aufgeben, so treten die Thüringer dank ihrer als Exportartikel begehrten Pferde Ende des 4. Jahrhunderts schriftlich belegt auf die historische Bühne. Sie hatten sich in den Jahrzehnten zuvor als ethnische Gruppe von anderen germanischen Stämmen (Gentes) der frühen Völkerwanderungszeit abgehoben und gehören damit neben den benachbarten Franken, Alamannen und Sachsen zu den ältesten, aus denen sich später ein deutsches Reich bildete. Ihr ursprünglicher Siedlungsraum reichte von der Werra bis zur unteren Mulde, von der Altmark bis zum Thüringer Wald und zum Erzgebirge. Darüber hinaus erstreckte sich ihr Herrschaftsgebiet über benachbarte Stämme später bis hin zu Main, Donau, Elbe und vielleicht sogar zum Niederrhein. Von den großen Völkerbewegungen seit dem Hunneneinfall 375, als sich auf dem Boden des 476 endgültig untergehenden (West-)Römischen Reiches neue Germanenreiche bildeten, blieben die Thüringer nicht verschont. Sie selbst blieben jedoch in ihren Siedlungsgebieten. Vom innerasiatischen Reitervolk der Hunnen unterworfen, kämpften sie bei der Entscheidungsschlacht auf den Katalaunischen Feldern 451 südwestlich von Paris an der Seite des geschlagenen Hunnenkönigs Attila (Etzel).

Nach der Befreiung von der hunnischen Vorherrschaft gelang den Thüringern in der zweiten Hälfte des 5. Jahrhunderts die Bildung eines mächtigen Königreiches. Gewissermaßen im Windschatten der Großreiche der West- und Ostgoten, Burgunder, Franken und Wandalen stiegen sie zur Vormacht außerhalb des untergegangenen Römischen Reiches auf. Als wichtiger Machtfaktor des spätantik-germanischen Europas waren die Thüringer mit dem Ostgotenreich Theoderichs des Großen verbündet, der den Kern des Römischen Reiches mit Italien beherrschte. Dies wurde 507/510 durch die Heirat der Theoderich-Nichte Amalaberga mit dem Thüringer König Herminafrid, Sohn des ersten namentlich bekannten Königs Bisin(us), bekräftigt. Enge dynastische Verbindungen gab es auch zu den südöstlich angrenzenden Langobarden, die ebenfalls in das Bündnissystem integriert waren. Es zielte insbesondere gegen die expansiv von

Gallien nach Westen und Süden vorstoßenden Franken unter den Merowingern.

Archäologische Funde belegen eine differenzierte Gesellschaft mit einer wohlhabenden und mächtigen Adelsschicht, die schon in der zweiten Hälfte des 5. Jahrhunderts enge Kontakte zu den Ostgoten pflegte. So wird das auf vor 489 datierte Frauengrab von Oßmannstedt bei Weimar einer ostgotischen Adligen zugeschrieben. Es enthielt prächtige Beigaben, darunter eine goldgefasste Adlerfibel aus roter Zellverglasung. Die bedeutendsten Funde von Stößen bei Naumburg, Großörner bei Mansfeld, Weimar, Erfurt und Mühlhausen markieren den Kernraum des Reiches im Thüringer Becken und an der mittleren Saale. Von ihnen lässt sich allerdings nicht ohne Weiteres auf die Herrschaftssitze der Könige schließen, deren Lage nicht überliefert ist.

Einen frühen Einfluss des Christentums zumindest am Königshof deutet der kunstvolle Spangenhelm von Stößen aus dem ersten Viertel des 6. Jahrhunderts an, der christliche Symbole enthält. Er könnte ein Geschenk des arianisch-christlichen Ostgotenhofes an einen der Brüder Herminafrids, Baderich oder Bertachar, gewesen sein. Zudem dürfte der Glaube von in Thüringen lebenden Ostgoten wie der hochgebildeten Königin Amalaberga ausgestrahlt haben.

Nach dem Tode Theoderichs (526) brach das ostgotische Bündnissystem rasch zusammen. Während das Ostgotenreich unter Kaiser Justinian ab 527 von Byzanz zurückerobert wurde und die aus dem Bündnis ausgescherten Langobarden nach Westen vorrückten, gerieten die Thüringer nun stärker unter fränkischen Druck. Nach einem ersten abgewehrten Angriff unterlagen sie 531 in einer vernichtenden Schlacht an der Unstrut dem Heer der Frankenkönige Theuderich und Chlothar. Spätere Quellen, etwa die Sachsen-Geschichte des Widukind von Corvey aus dem 10. Jahrhundert, berichten, dass die nordöstlich angrenzenden Sachsen auf der Seite der Franken gekämpft hätten, was jedoch umstritten ist. 533 oder 534 fiel der zunächst geflüchtete Herminafrid einem fränkischen Mordanschlag zum Opfer. Seine Nichte Radegunde wurde von Chlothar ins Frankenreich verschleppt und musste diesen später heiraten. Nach dem Mord an ihrem ebenfalls verschleppten Bruder flüchtete sie in den Schoß der Kirche und gründete das Kloster Poitiers. Dort verstarb die in Frankreich als Heilige verehrte Prinzessin 587. Radegunde ist die erste biografisch näher fassbare Persönlichkeit der thüringischen Geschichte.

Die Niederlage der Thüringer und der blutige Untergang ihres Königreiches haben schon die Zeitgenossen stark beeindruckt und sind ähnlich dem Untergang des Burgunderreiches (436) im Nibelungenlied in die germanische Sagenwelt eingegangen. Die Geschichtsschreibung, etwa die «Geschichte der Franken» des Gregor von Tours, hat die Ereignisse in groben Zügen festgehalten. Gregor, der wenig später aus der fränkischen Siegerperspektive schrieb, schildert die Niederlage von 531 sehr drastisch. So hätten die Leichen der flüchtenden Thüringer die Unstrut verstopft, auf denen dann die Franken den Fluss überqueren konnten. Daneben erinnert das «Klagelied der Radegunde» des Dichters Venantius Fortunatus, der kurz nach ihrem Tod eine Biografie verfasste, eindringlich an die «furchtbare Niederlage» und den Mord an der Königsfamilie. Die Ereignisse von 531/534 bilden eine entscheidende historische Zäsur, da die Thüringer damit ihre politische Selbstständigkeit verloren. Aus einem germanischen Königreich wurde eine Randprovinz der Franken, der thüringische Herrschafts- und Siedlungsraum schmolz auf den Kern des heutigen Freistaates zusammen. Er wurde zum Schauplatz der folgenden 1500 Jahre Landesgeschichte, die sich nun im Rahmen der fränkisch-deutschen Geschichte vollzog.

IV. Vom fränkischen Grenzland zur Landgrafschaft Thüringen (6.–13. Jahrhundert)

Nach dem Untergang des Königreiches 531/534 blieb Thüringen für vier Jahrhunderte tributpflichtiger Teil des fränkischen Großreiches und Grenzland zu den Slawen im Osten. Unter den sächsischen Ottonen im 10. Jahrhundert entwickelte es sich zum königsnahen Kernraum des entstehenden Deutschen Reiches, das sich nach Osten ausdehnte. Mit den fränkischen Saliern ging diese Königsnähe wieder verloren. Die ludowingischen Landgrafen von Thüringen stiegen im 12. und 13. Jahrhundert als einheimisches Adelsgeschlecht zur regionalen Vormacht auf. Als eines der angesehensten Fürstenhäuser des Reiches und Förderer der Kultur verkörpern die Ludowinger den glanzvollen Höhepunkt der thüringischen Geschichte im Mittelalter.

1. Thüringen unter Franken, Ottonen und Saliern

Thüringen gehörte nach 531/534 zum Reich der Merowingerkönige. Die Abhängigkeit symbolisierte sich in jährlichen Tributzahlungen in Form von 500 Schweinen, die bis ins frühe 11. Jahrhundert an den Fiskus geleistet werden mussten. Anfangs kam es zu erfolglosen Aufständen gegen die fränkische Herrschaft. Herzöge aus dem fränkischen Adel sollten die Oberherrschaft absichern. Diese Herzöge erlangten dabei zeitweise eine relativ unabhängige Stellung, wie etwa Radulf seit 630, der sich offen gegen den merowingischen König Dagobert I. auflehnte. Blieb die thüringische Kultur den archäologischen Funden zufolge zunächst noch weitgehend unbeeinflusst von der fränkischen Eroberung, so begann diese sich ab dem späten 6. Jahrhundert deutlicher niederzuschlagen. Fränkische Ansiedlungen und militärische Befestigungen banden den Raum enger an das Reich, worauf u. a. Ortsnamen mit Endungen auf -hausen und -heim sowie reiche Schmuck- und Waffenfunde schließen lassen.

Unter dem aufstrebenden Hausmeiergeschlecht der Karolinger, die 751 die Merowinger als Könige im Frankenreich ablösten, stieg das Frankenreich zum christlich-abendländischen Weltreich auf. Es reichte von Atlantik und Pyrenäen bis zu Elbe, Saale und Donau, von Mittelitalien bis zur dänischen Grenze. Die Kaiserkrönung Karls des Großen in Rom 800 legte den Grundstein für das spätere deutsche Kaiserreich. Karl konnte auch den Stamm der Sachsen nördlich von Thüringen unterwerfen, womit sich die prekäre Grenzlage Thüringens deutlich entspannte und nun auf die östlichen Slawen konzentrierte. Die

Reichsinteressen wurden von einheimischen Grafen wahrgenommen, Königspfalzen und Burgen sicherten die fränkische Macht, die königlichen Klöster Fulda (744) und Hersfeld (769) in Hessen wurden mit reichem Besitz in Thüringen ausgestattet.

In Nachfolge des Herzogtums Radulfs übten vermutlich seit dem Beginn des 8. Jahrhunderts fränkische Adelige aus dem Rhein-Main-Gebiet die Herrschaft aus. Dem mainfränkischen Herzog Heden verdanken die Orte Arnstadt, Mühlberg und (Groß-)Monra im Zusammenhang mit einer Schenkung an Bischof Willibrord 704 als Erste in Thüringen eine urkundliche Erwähnung. Diese Urkunde verweist auf die Grundherrschaft mit Unfreien und abhängigen Bauern als wichtige rechtliche, wirtschaftliche und soziale Besitzstruktur des ländlichen Raums im Mittelalter. Heden scheint allerdings als letzter überlieferter Herzog der Hedene seine Machtstellung um 719 an die einheimische Herrschaftsschicht verloren zu haben. Diese sah sich selbstbewusst in der Tradition der thüringischen Könige und autonomen Herzöge stehen, ohne die fränkische Oberhoheit infrage zu stellen. Das mittelalterliche Thüringen zwischen Harz, Thüringer Wald, Werra und Saale war nunmehr sichtbar als landschaftliche und ethnisch-kulturelle Einheit mit einem klaren Eigenbewusstsein seiner Bewohner ausgeprägt. Dies spiegelt sich trotz allen Sprachwandels etwa im zum Mitteldeutschen zählenden thüringischen Dialekt wider, der sich vom Hessischen, (Ost-)Fränkischen, Obersächsischen und Niederdeutschen abhebt. Auch die Aufzeichnung der ‹Lex Thuringorum› (802/803), des Volksrechtes der Thüringer, unter Karl dem Großen deutet darauf hin. In karolingischer Zeit traten die Thüringer zudem häufig als handelnde Einheit auf, etwa in den militärischen Auseinandersetzungen der Franken untereinander oder mit fremden Mächten. Seit Karl dem Großen hatten thüringische «Markenherzöge» auch das Vorfeld zu Slawen und Awaren zu sichern.

In dieser Zeit lässt sich die historische Zentralortstellung Erfurts erstmals in den Schriftquellen greifen. Möglicherweise seit dem 7. Jahrhundert in königlicher Hand, wird 802 eine Pfalz auf dem Petersberg erwähnt. Karl der Große legte 805 Erfurt als Grenzhandelsplatz zu Slawen und Awaren fest. Am deutlichsten wird der Zentralortcharakter Erfurts im Rahmen der Christianisierung, die nach Anfängen im 6. Jahrhundert mit der Einrichtung eines Bistums für Thüringen 741/742 einen ersten Höhepunkt fand. Der angelsächsische Missionar Bonifatius legte mit Unterstützung des Papstes und der karolingischen Hausmeier als «Apostel der Deutschen» wichtige Grundlagen für die Kirchenorganisation in Bayern, Hessen, Mainfranken und Thüringen. Er hatte seit 725 im thüringischen Kernraum missioniert und das Kloster Ohrdruf gegründet. In einem Schreiben an den Papst bat er 742 um die Bestätigung der Bistumsgründung in «Erphesfurt», das seit Langem eine Stadt bzw. Burg heidnischer Bauern sei. Allerdings wurde Erfurt nur wenig später dem Bistum Mainz angegliedert, das Bonifatius übernommen hatte. Dies sollte sich als Entscheidung von großer historischer Tragweite erweisen. Der natürliche Mittelpunkt, die bis heute größte und wichtigste Stadt, ging damit zunächst kirchenorganisatorisch, ab Anfang des 11. Jahrhunderts auch als weltlicher Besitz an den Mainzer Erzbischof. Erfurt konnte so, da an die Stelle von Mainz 1802 Preußen trat, bis ins 20. Jahrhundert nicht zum politischen Zentrum Thüringens werden.

Neben den Franken und den Sachsen, die in den nordthüringischen Raum vordrangen, gehören die Slawen zu den Gruppen, die mit den Thüringern im Mittelalter zu einer ethnischen Einheit verschmolzen. Nach dem Untergang des Thüringerreiches waren die Slawen von Osten her bis zur Saale vorgedrungen und siedelten sich auch darüber hinaus bis in den mittelthüringischen Raum neben der germanischen Bevölkerung an. Bis ins 10. Jahrhundert behaupteten die Slawen östlich der Saale ihre Unabhängigkeit und fielen immer wieder kriegerisch ins Frankenreich ein, weshalb den Herzögen in Thüringen eine wichtige Abwehrfunktion zukam. Nach der Integration der Gebiete östlich der Saale in das Deutsche Reich ging jedoch die slawische Bevölkerung der Sorben nach langer, offenbar weitgehend friedlicher Nachbarschaft allmählich in der thüringischen Mehrheitsbevölkerung auf. Ein spätes, sehr bildhaftes Zeugnis hierfür ist das Relief am Ratskeller von Großbrembach bei Sömmerda aus dem Jahre 1579, in dem sich die benachbarten Siedlungen der Deutschen und Slawen offiziell zu einem Ort zusammenschlossen. Das Relief zeigt einen Deutschen und einen Slawen unter einem Hut, die gemeinsam aus einem Horn trinken. An die Slawen erinnern die vielen Ortsnamen auf -itz oder mit «wendisch» bzw. «windisch».

Mit dem Tode Karls des Großen 814 begann der Zerfall des fränkischen Großreiches. Nach dem Vertrag von Verdun 843 mit seiner Dreiteilung unter Karls Enkel bildete sich allmählich aus dem westlichen Teil das Königreich Frankreich und dem östlichen Teil das deutsche König- bzw. Kaiserreich heraus. Unter den sächsischen Ottonen (919–1024) gehörte Thüringen zum Kernraum der königlichen Zentralgewalt. Heinrich I. rückte 919 zum ersten nichtfränkischen König in Ostfranken auf und kann als ein Begründer des Deutschen Reiches angesehen werden. Sein Sohn Otto der Große erneuerte 962 das nunmehr an das ostfränkisch-deutsche Reich gekoppelte römische Kaisertum. Die Herzöge von Sachsen hatten ihren Herrschaftsschwerpunkt im Harzumland und in Nordthüringen. Als Könige stützten sie sich auch auf Reichsbesitz und Pfalzen in jenem Raum. Zu den häufigsten Aufenthaltsorten und Schauplätzen wichtiger politischer Entscheidungen gehörten neben Quedlinburg, Magdeburg und Merseburg die Pfalzen Allstedt, Tilleda, Wallhausen und Memleben im heutigen Grenzgebiet zwischen Sachsen-Anhalt und Thüringen. Hinzu kamen die Königshöfe Nordhausen und Mühlhausen, aus denen sich später Reichsstädte entwickelten. Weitere wichtige ottonische Königspfalzen befanden sich in Erfurt, Saalfeld, Dornburg und auf dem Kirchberg bei Jena.

Unter den Ottonen begann Thüringen aus seiner Randlage in das Zentrum des Deutschen Reiches zu rücken. Seit 928 hatten die Deutschen ihren Herrschaftsbereich auf die Gebiete bis zu Oder und Neiße ausgeweitet und 968 das Erzbistum Magdeburg zur Christianisierung der dort lebenden Slawen eingerichtet. Während die nördlichen Bereiche 983 bei einem Aufstand vorerst wieder verloren gingen, konnten die auch als «Thüringer Mark» bezeichneten Marken Merseburg, Zeitz und Meißen mit ihren jeweiligen Bistümern gehalten werden. Die Markgrafschaft Meißen (968) war zunächst herrschaftlich eng mit Thüringen verknüpft. Seit 1089 unter wettinischer Herrschaft, wird sie später jedoch den Anfang der sächsischen Landesgeschichte im Rahmen des Deutschen Reiches bilden.

Die Beseitigung der Gefahr durch das Reiternomadenvolk der Ungarn festigte ebenfalls die Machtstellung der Ottonen. Die Ungarn waren seit Beginn des 10. Jahrhunderts immer wieder auch in Thüringen eingefallen. 908 hatte der letzte thüringische Herzog Burchard im Abwehrkampf den Tod gefunden, worauf das Herzogsamt wohl wegen der starken Stellung der Ottonen in Thüringen nicht wieder besetzt wurde. Mit einer neu aufgestellten Panzerreiterei gelang Heinrich I. 933 bei Riade, einem nicht mehr lokalisierbaren Ort im Mündungsbereich der Unstrut in die Saale, ein durchschlagender Erfolg. Otto der Große konnte mit dem Sieg auf dem Lechfeld bei Augsburg 955 die Ungarngefahr endgültig abwehren.

Die Königsnähe Thüringens ging unter den rheinischen Saliern (1024–1125) mit ihrem Herrschaftsschwerpunkt am Rhein um Speyer wieder verloren. Allerdings führte dies nicht zu einer Erneuerung der herzoglichen Obergewalt, die wohl v. a. wegen der starken Präsenz der Ottonen seit Anfang des 10. Jahrhunderts vakant geblieben war. Die einheimischen Adelsgeschlechter bauten vielmehr beschleunigt ab der zweiten Hälfte des 11. Jahrhunderts ihre Positionen mit Burgen, Grundbesitz, Städtegründungen und Herrschaftsrechten aus, was mit zu den Voraussetzungen für die spätere Kleinstaaterei gehört. In oft blutigen Auseinandersetzungen rivalisierten die entstehenden Dynastien um Besitz und Einflusszonen.

Allerdings blieb davon das Gemeinschaftsbewusstsein der Thüringer unberührt. Ein deutliches Zeichen hierfür ist die Tretenburg bei Gebesee. Sie diente seit dem 8. Jahrhundert bis ins Hochmittelalter als zentrale Gerichts- und Versammlungsstätte sowie als Fluchtburg. In zahlreichen Auseinandersetzungen, etwa mit dem König bzw. Kaiser oder dem Mainzer Erzbischof, beriefen sich die Thüringer auf ihr ererbtes Recht und handelten gemeinsam. Ein Schlaglicht hierauf wirft die Versammlung der Großen Thüringens 1002 auf dem Jenaer Kirchberg, bei der von König Heinrich II. die Abschaffung des Schweinezinses erreicht werden konnte. Fast fünf Jahrhunderte nach dem Untergang ihres Königreiches dürfte dieser Symbolakt integrierend auf die Gens Thuringorum, den Stamm der Thüringer, gewirkt haben.

Das erste in Thüringen deutlich herausragende Geschlecht waren die Ekkehardinger mit ihrem Stammsitz bei Großjena (oder Kleinjena) an der Mündung der Unstrut in die Saale. Ekkehard I., Erbauer der Eckartsburg (998) und Markgraf von Meißen, gehörte zu den mächtigsten Adeligen des Reiches. 1000 ließ er sich gegen den Willen König Ottos III. zum Herzog von Thüringen ausrufen, wurde aber nach seiner Kandidatur als König 1002 ermordet. Die Ekkehardinger verlegten 1028 den Bischofssitz von Zeitz nach Naumburg, das sich zu einer blühenden Stadt entwickelte. Im Naumburger Dom erinnern die Stifterfiguren aus dem 13. Jahrhundert mit der berühmten Uta, Gattin Markgraf Ekkehards II., an das 1046 ausgestorbene Geschlecht. Zu den ältesten Adelsgeschlechtern zählen weiterhin die Grafen von Weimar-Orlamünde, zwischen 1046 und 1067 Markgrafen von Meißen, die Grafen von Käfernburg-Schwarzburg, von Tonna-Gleichen, von Honstein-Klettenberg, von Beichlingen und von Henneberg. Mit der weltlichen Herrschaft über Erfurt begann der Erzbischof von Mainz in Konkurrenz zum ansässigen Adel um 1000 einen starken Herrschaftskomplex um Erfurt und im Eichsfeld aufzubauen.

Thüringen spielte im Investiturstreit sowie in den Auseinandersetzungen zwischen Königtum und Territorialgewalten eine zentrale Rolle. Unter den salischen Königen Heinrich IV., unter dem der Konflikt mit dem Papst zum offenen Investiturstreit in den 1070er-Jahren eskalierte, und Heinrich V. kam es zu zahlreichen Aufständen des einheimischen Adels und verheerenden Kriegszügen. Der jahrzehntelange Konflikt wurde nach der Niederlage Heinrichs V. am Welfesholz im Mansfelder Land 1115 zuungunsten der Zentralgewalt entschieden, wenngleich diese nicht völlig das Feld räumte. Heinrich IV. hatte versucht, durch Burgenbau die Position des Königs zu stabilisieren. Bekanntestes Beispiel ist die Reichsburg Kyffhausen auf dem Kyffhäusergebirge im nördlichen Thüringen. Im 12. und 13. Jahrhundert erlebte die imposante Höhenburg oberhalb der Pfalz Tilleda unter den Königen und Kaisern aus dem Geschlecht der Staufer bzw. Hohenstaufen (1138–1254) ihre Blütezeit. Hier knüpft die Sage über Kaiser Friedrich I. Barbarossa an, der im Kyffhäuserberg auf seine Rückkehr warten soll, bis ihn das Reich wieder brauche. Im 1896 eingeweihten Kyffhäuserdenkmal wurde die Barbarossa-Sage mit dem «Reichsgründer» Kaiser Wilhelm I. verbunden und damit eines der monumentalsten Nationaldenkmäler in Deutschland geschaffen. Unter den Staufern erfolgte auch die Anlage der Reichsstädte Nordhausen, Mühlhausen und Saalfeld sowie des Reichslandes Pleißenland mit Altenburg.

2. Ludowingische Landgrafschaft Thüringen

Mit dem schrittweisen Rückzug der königlichen Reichsgewalt aus Thüringen unter den Saliern begann auch der Aufstieg jenes Geschlechtes, das in der Stauferzeit als Landgrafen von Thüringen (1131–1247) große Bedeutung erlangen sollte. Die nach dem Vornamen ihrer erstgeborenen männlichen Vertreter bezeichneten Ludowinger waren eine Nebenlinie der Grafen von Rieneck. Sie stammten aus dem Rhein-Main-Raum und hatten sich unter Ludwig dem Bärtigen um 1040 bei Friedrichroda am Nordhang des Thüringer Waldes angesiedelt. Jene kleine Rodungsherrschaft rund um die heute nicht mehr existierende Schauenburg oberhalb Friedrichrodas bildete den Ausgangspunkt für eine rasante Expansion, die die «Neulinge» innerhalb weniger Generationen alle eingesessenen Grafengeschlechter überflügeln ließ.

Schon Ludwig der Bärtige konnte durch Heirat Gebiete um Sangerhausen erwerben. Seinem legendenumwobenen Sohn Ludwig dem Springer (1080–1123) gelang der weitere Ausbau der verstreuten Güter- und Herrschaftskomplexe. Wiederum durch Heirat kamen Besitzungen an der Unstrut um Freyburg an die Ludowinger. Mit der Wartburg bei Eisenach (um 1080) und der Neuenburg bei Freyburg (um 1090) schuf Ludwig die zwei wichtigsten Herrschaftssitze, die zusammen mit der Schauenburg und Sangerhausen den Herrschaftsbereich rund um das Thüringer Becken verklammerten. Mit dem Kloster Reinhardsbrunn bei Friedrichroda (1085) gehen das wichtigste geistliche

Zentrum der Ludowinger und deren Grablege ebenfalls auf Ludwig den Springer zurück. Durch Heirat mit der Erbtochter der Grafen um Kassel und Marburg erreichte wiederum sein Sohn Ludwig die Ausdehnung des Besitzes nach Westen. Die Ludowinger verfügten nunmehr über die größte Herrschaft in Thüringen, die zudem weit in den hessischen Raum ausgriff.

Um die immer mächtigeren Ludowinger stärker an die Reichsgewalt zu binden und nicht völlig den Einfluss auf Thüringen zu verlieren, wandte König Lothar von Supplinburg 1131 einen «verfassungsrechtlichen Kunstgriff» (Matthias Werner) an. Er belehnte Ludwig mit der neu geschaffenen Würde eines Landgrafen von Thüringen. Wie ein Herzog über den Grafen und sonstigen Herrschaften stehend, sollte er im Auftrage des Königs den Landfrieden sichern und höchstrichterliche Gewalt ausüben. So stand der Landgraf dem «Landding» Mittelhausen nahe Erfurt vor, das an die Stelle der Tretenburg als zentraler Versammlungsort für die Rechtsprechung trat. Das Gebiet, auf das sich das Amt bezog, wurde als Provinz oder Land Thüringen bezeichnet und entsprach weitgehend dem verkleinerten Thüringen seit 531/534. Hier scheint erneut die landsmannschaftliche Einheit auf, die mit der Landgrafschaft Thüringen eine feste politische Klammer erhielt. Mit Ludwig I. (1131–1140) beginnend, stiegen die Landgrafen nun in den Kreis der mächtigsten Reichsfürsten auf. Ludwig II., der Eiserne (1140–1172), festigte die Bindung an das staufische Kaiserhaus u. a. durch die Heirat mit einer Halbschwester Friedrichs I. Barbarossa. Unter Ludwig III., dem Frommen (1172–1190), fiel 1179 die Pfalzgrafschaft Sachsen an die Ludowinger und erreichten diese 1180/81 im Zuge der Entmachtung des Welfenherzogs und Barbarossa-Gegenspielers Heinrich der Löwe erneut erheblichen Bedeutungszuwachs. Die Landgrafen gehörten zu den engsten Beratern der staufischen Kaiser, nahmen wichtige Reichsgeschäfte wahr, zogen mit ihnen nach Italien und auf Kreuzzüge.

Im Inneren festigten die Ludowinger ihre Stellung durch gezielten Landesausbau. Hierzu gehörten die Anlage von weiteren Burgen (Creuzburg um 1170, Runneburg um 1170), zahlreiche Städtegründungen (Eisenach, Gotha, Creuzburg, Weißensee,

Sangerhausen, Freyburg u. a.), die Ausweitung der Herrschaftsrechte und eine große ritterliche Dienstmannschaft (Ministe-
riale). Die Klöster Reinhardsbrunn und St. Katharinen in Eisenach wurden reich ausgestattet. Vergleichbar dem staufischen
Kaiserhaus, demonstrierten die Landgrafen ihre Macht mit
prächtigen Repräsentationsbauten, unter denen die Wartburg
mit ihrem romanischen Palas (um 1170) und die Neuenburg mit
ihrer reich ausgestatteten Doppelkapelle (um 1180) herausra-
gen. Allerdings hat man das ältere Bild vom mächtigen hochmit-
telalterlichen «Territorialstaat» der Ludowinger differenziert,
da er keineswegs das ganze Land territorial und herrschaftlich
erfasste. Stets blieben die übrigen Grafen- und Herrenfamilien
sowie der Mainzer Erzbischof teils erbitterte Konkurrenten, die
ihrerseits beachtliche Herrschaftskomplexe aufbauen konnten.

Den glanzvollen Höhepunkt der ludowingischen Landgrafschaft Thüringen bildete die Regentschaft Hermanns I. (1190–
1217). Dabei war es weniger seine eher zwielichtige politische
Rolle, lavierend zwischen Staufern und Welfen, die Hermann
einen exponierten Platz in den Geschichtsbüchern sicherte. Vielmehr liegen seine Verdienste in der Förderung der Kultur, als
Mäzen und als künstlerisch veranlagter Herrscher. Mit dem Namen Hermanns ist insbesondere der sagenhafte «Sängerkrieg auf
der Wartburg» (1206/07) verbunden, Symbol für die am Landgrafenhof gepflegte ritterlich-höfische Adelskultur. Als Rück-
schau auf diese Blütezeit lässt die mittelhochdeutsche Spruch-
dichtung berühmte Minnesänger wie Wolfram von Eschenbach
und Walther von der Vogelweide gegen fiktive Konkurrenten
wie Heinrich von Ofterdingen und den Zauberer Klingsor in
einem Sängerwettstreit antreten. Der «Sängerkrieg» ist später
vielfach künstlerisch aufgegriffen worden, so auf dem bekannten Fresko Moritz von Schwinds im Sängersaal der Wartburg
(1855), in der Literatur (Novalis, E. T. A. Hoffmann) oder in Richard Wagners Musikdrama «Tannhäuser und der Sängerkrieg
auf Wartburg» (1843).

Ludwig IV., der Heilige (1217–1227), ist v. a. als Gemahl der
heiligen Elisabeth in Erinnerung geblieben. Elisabeth von Thüringen, 2007 durch die 3. Thüringer Landesausstellung auf der

Wartburg eindrucksvoll als Heilige von europäischem Format ins öffentliche Bewusstsein gerückt, verdeutlicht den hohen Rang der Landgrafen. Die vierjährige ungarische Königstochter kam 1211 als künftige Landgräfin an den Hof auf der Wartburg. Sie fiel bald durch ihre Neigung zu Askese und karitativem Wirken im Geiste des Franziskus von Assisi auf. Nach dem Tode ihres Mannes auf dem Kreuzzug 1227 verschrieb sich die Fürstin ganz dem Dienst an Armen und Kranken. Sie folgte ihrem Beichtvater Konrad nach Marburg, wo sie bereits 1231 verstarb. Elisabeth galt schon den Zeitgenossen als Musterbild selbstlosen Christentums, das freilich von religiösen Übersteigerungen nicht frei war. Mit der raschen Heiligsprechung 1235 stieg sie zu einer der populärsten Heiligen Europas auf, die bis heute ihre Faszination nicht verloren hat.

Unter Ludwigs Bruder und Nachfolger Heinrich Raspe (1227–1247) schien die Landgrafschaft nochmals an Macht zu gewinnen. Ludwigs Sohn und designierter Landgraf Hermann II. war mit einer Tochter des Stauferkaisers Friedrich II. verheiratet. Heinrich Raspes Bruder Konrad stieg 1239 zum Hochmeister des in Thüringen reich begüterten Deutschen Ordens auf. Er übernahm das Amt von Hermann von Salza, einem einflussreichen Vertrauten Friedrichs II., der vermutlich einem Ministerialengeschlecht der Ludowinger bei Bad Langensalza entstammte. 1226 hatte Ludwig IV. zudem die Vormundschaft und Eventualbelehnung für seinen Neffen Heinrich erhalten, den unmündigen wettinischen Markgrafen von Meißen. Allerdings sollten die Ludowinger nicht die Wettiner beerben, sondern sollte sich das Verhältnis umkehren. Während Konrad 1240 und Hermann II. 1241 verstarben, blieben auch die drei Ehen Heinrich Raspes kinderlos. Daraufhin setzte Heinrich Raspe 1243 die Eventualbelehnung mit der Landgrafschaft für seinen Neffen Heinrich von Meißen durch, den späteren Heinrich den Erlauchten.

Die Erhebung des Landgrafen zum Deutschen König 1246 bedeutete daher keinen krönenden Gipfelpunkt in der Geschichte der Ludowinger. Heinrich Raspes vom Papst gestütztes Gegenkönigtum («Pfaffenkönig») konnte sich gegen Friedrich II. nicht

durchsetzen, und schon 1247 erlosch mit seinem Tode das Ludo-
wingergeschlecht im Mannesstamm. Ein blutiger Erbfolgekrieg
endete 1264 mit der Teilung ihrer Herrschaft. Die Landgrafschaft
Thüringen und die Pfalzgrafschaft Sachsen fielen an Markgraf
Heinrich den Erlauchten von Meißen, die hessischen Besitzungen an Sophie von Brabant, Tochter der heiligen Elisabeth. So-
phies Sohn Heinrich wurde 1247 zum Begründer der Landgrafschaft Hessen, die 1292 den Reichsfürstenstand erlangte. Mit
dem Aussterben der Ludowinger und der Teilung ihres großen
thüringisch-hessischen Besitzes endete die enge historische
Verzahnung von Hessen und Thüringen. Die Wettiner banden
Thüringen nunmehr in ihren mitteldeutschen Herrschaftskomplex ein.

Die mittelalterliche Glanzzeit unter den Landgrafen blieb im
kollektiven Gedächtnis weit über Thüringen hinaus verankert
und fand ihren Niederschlag in der Sagenwelt. Die Landgrafen-
sagen vom Bau der Wartburg mit dem legendären Gründungs-
datum 1067, über den Schmied von Ruhla, den Sängerkrieg auf
der Wartburg und die Legenden um die heilige Elisabeth trugen
zum historischen Gemeinschaftsbewusstsein der Thüringer bei,
auch als die Landgrafschaft unter den Wettinern ihre Bedeutung
allmählich verlor. Im heutigen Bild des Kulturlandes Thüringen
stellt die Landgrafenzeit die erste bedeutende Erinnerungsschicht
dar, um die sich später weitere anlagern sollten. Ähnliches gilt
für die UNESCO-Welterbestätte Wartburg als Landgrafensitz
und Sinnbild einer mittelalterlichen Höhenburg.

V. Thüringen im Spätmittelalter
(13.–15. Jahrhundert)

Stand das Hochmittelalter in Thüringen ganz im Zeichen der
Ludowinger, so rückten an ihre Stelle nicht nur als Nachfolger
im Landgrafenamt 1247/64 die Wettiner. Sie herrschten im Spätmittelalter über einen mächtigen, teils weit über das heutige

Sachsen, Thüringen und südliche Sachsen-Anhalt hinausreichenden Länderkomplex. 1423 wurden sie durch die Belehnung mit dem Herzogtum Sachsen-Wittenberg in den Kurfürstenstand erhoben. Auch in Thüringen konnten sie ihre Besitzungen massiv erweitern und sich als stärkste Kraft etablieren. Gleichzeitig hielt sich in Thüringen aber auch ein dichtes Netz konkurrierender Herrscherhäuser, ebenso wie die Reichsstädte Mühlhausen und Nordhausen sowie die autonome Stadt Erfurt, eine der größten Handels- und Kulturmetropolen des Reiches.

1. Wettinische Vorherrschaft in Thüringen

Die Erringung der Landgrafschaft Thüringen 1247/64 stellt einen der Höhepunkte in der «Erfolgsgeschichte» der Wettiner (Jörg Rogge) dar. Das Grafengeschlecht geht vermutlich bis in das 10. Jahrhundert zurück und benannte sich nach seiner Stammburg Wettin an der Saale nahe Halle. 1089 waren die Wettiner in Nachfolge u. a. der Ekkehardinger und der Grafen von Weimar-Orlamünde zu Markgrafen von Meißen erhoben worden. Der weitere Aufstieg zur Vormacht in Mitteldeutschland und zu einem der mächtigsten Fürstengeschlechter im Reich verlief freilich nicht als geradliniger Prozess. Das harte Ringen mit den Konkurrenten, mit der kaiserlichen Reichsgewalt und aufgrund von Erbstreitigkeiten miteinander sorgte für manchen Rückschlag. Dennoch stand am Ende des Spätmittelalters ein wettinisches Territorium, das eine hohe Verdichtung und Erweiterung zur Landesherrschaft aufwies. Den konkurrierenden Mächten in Thüringen konnten beträchtliche Gebiete und Rechte abgerungen werden, viele stiegen zu abhängigen Lehensträgern herab.

Die Landgrafschaft Thüringen behielt innerhalb des wettinischen Herrschaftskomplexes neben der Markgrafschaft Meißen zunächst hohe Bedeutung. Sie wurde infolge von Erbteilungen oder durch Machtteilung mit Söhnen über weite Strecken von einem Vertreter des Geschlechtes geführt. Dieser residierte bis zum Beginn des 15. Jahrhunderts vorzugsweise auf der Wartburg. Die Durchsetzung des Herrschaftsanspruches als Landgrafen traf allerdings lange auf hartnäckigen Widerstand. Verantwortlich hierfür waren nicht zuletzt die Wettiner selbst. So gehörte Landgraf Albrecht der Entartete (1288–1307), Sohn Heinrichs des Erlauchten (1230/47–1288), zu den verrufensten Vertretern seines Geschlechtes. Seine außergewöhnliche Verschwendungssucht, Wollust und Gewalttätigkeit bis in die eigene Familie hinein sind sogar in den Sagenschatz um die Wartburg eingegangen. Albrecht war schon vor dem Tode seines Vaters 1263 als Landgraf eingesetzt worden und war für eine katastrophale Verschuldung verantwortlich. Zeitweise drohten sogar der Verkauf der Landgrafschaft an den König und der Verlust des Lehens, was durch seinen Sohn Friedrich I., den Freidigen oder Gebissenen (1307–1323), nach langjährigen Kämpfen verhindert werden konnte.

Auch unter den folgenden Land- und Markgrafen Friedrich II., der Ernsthafte (1323–1349), Friedrich III., der Strenge (1349–1381), Balthasar (1349–1406), Wilhelm I., der Einäugige (1379–1407), Friedrich IV., der Streitbare (1381–1428), und Kurfürst Friedrich I., der Friedfertige (1406/23–1440), blieben Reibereien und Erbstreitigkeiten nicht aus.

Trotz der Familienfehden und Besitzteilungen wie der Chemnitzer Teilung 1382 setzten sich die Wettiner innerhalb rund eines Jahrhunderts gegen die meisten ihrer Kontrahenten in Thüringen durch. Dies geschah in oftmals blutigen und langwierigen Auseinandersetzungen, wobei die Koalitionen zwischen den Machtfaktoren der Region – Landgrafen, Kaiser, Erzbischof von Mainz, einheimische Grafen und Adelige, die thüringischen Städte mit Erfurt an der Spitze – immer wieder wechselten.

Einen entscheidenden Durchbruch stellte der Thüringer Grafenkrieg 1342–1346 dar. Die wichtigsten Grafen- und Adelsfamilien hatten sich mit Unterstützung des Mainzer Erzbischofs gegen die Wettiner erhoben, mussten sich aber geschlagen geben. In der Folgezeit verloren alle ihre Unabhängigkeit oder erloschen, mit Ausnahme der Schwarzburger und der reußischen Vögte, die allerdings auch die Vorherrschaft der Wettiner nicht mehr gefährden konnten. Die Versuche der kaiserlichen Reichsgewalt besonders unter Rudolf von Habsburg (1273–1291), ihren Einfluss zu stärken, konnten abgewehrt werden. Nach der

Schlacht von Lucka 1307 mit dem Sieg der Wettiner über König Albrecht I. von Habsburg und dessen Tod 1308 zog sie sich endgültig zurück und verlor außer den Reichsstädten Mühlhausen und Nordhausen ihre Stützpunkte in Thüringen. Der Erzbischof von Mainz konnte weitgehend auf das Eichsfeld zurückgedrängt werden.

Am deutlichsten manifestiert sich der Machtgewinn der Wettiner im Ausbau ihres Gebietsstandes. Zum landgräflichen Erbe kamen Erwerbungen, die zu den Grundpfeilern wettinischer Herrschaft in Thüringen werden sollten. Weimar gelangte 1346 bzw. endgültig 1365 infolge des Grafenkrieges von den Grafen von Weimar-Orlamünde an die Wettiner. Es löste Eisenach mit der Wartburg und Gotha mit Burg Grimmenstein als wichtigste Sitze der Landgrafen allmählich ab und stieg im 15. Jahrhundert zur Hauptresidenz in Thüringen auf. 1353 erfolgte durch Erbe die Inbesitznahme Coburgs von den Hennebergern, zu dem noch Sonneberg, Heldburg, Hildburghausen und Eisfeld kamen. Damit griffen die Wettiner in den fränkischen Raum südlich des Thüringer Waldes aus. Auch die Schwarzburger hatten Gebiete insbesondere im Saaletal an die Wettiner abzutreten, darunter 1389 die ehemalige Reichsstadt Saalfeld. In Ostthüringen erwarb man erhebliche Gebiete von den reußischen Vögten. 1254 hatte Kaiser Konrad IV. das Reichsland Pleißenland mit Altenburg an die Wettiner verpfändet, die es bis 1373 endgültig in ihren Besitz eingliedern konnten. Parallel arrondierten sie ihre östlichen Gebiete mit der Markgrafschaft Meißen. Ohne v. a. in Thüringen alle Konkurrenten auszuschalten, hatten die Wettiner einen größtenteils miteinander verbundenen Territorialkomplex von der Werra bis zur Elbe errichtet.

Den wichtigsten Macht- und Prestigegewinn für die Wettiner stellte die Erlangung des Herzogtums Sachsen um Wittenberg mit der damit verbundenen Würde eines Kurfürsten 1423 dar. König Sigismund erkannte damit neben machtpolitischen Erwägungen die Verdienste Friedrichs IV. bei der Abwehr der Hussiten in Böhmen an. Zuvor waren 1422 die askanischen Herzöge von Sachsen-Wittenberg ausgestorben, deren weit verzweigtes Geschlecht einst als Markgrafen von Brandenburg zu den mächtigsten des Reiches gehört hatte und auch in Thüringen als Grafen von Weimar-Orlamünde bis 1365 präsent gewesen war. Als Herzöge von Anhalt überdauerte eine Linie der Askanier bis 1918.

Die Wettiner gehörten dank des Herzogtums Sachsen nunmehr zum exklusiven Kreis jener sieben Reichsfürsten, die den König bzw. Kaiser wählten. Der ranghöchste Titel der Kurfürsten bzw. Herzöge von Sachsen drängte die ebenfalls weitergeführten Titel der Landgrafen von Thüringen und Markgrafen von Meißen zurück. Auf diesem Wege übertrug sich der Ländername Herzogtum Sachsen später auch auf die thüringischen Kleinstaaten der Wettiner. Zum eigentlichen Sachsen wurde freilich der östliche Teil des wettinischen Territoriums, an das die Kurwürde 1547 dauerhaft gelangen sollte. Damit hatte der südöstlich verlaufende Wanderungsprozess des Namens Sachsen von den Siedlungsgebieten des Germanenstammes in Niedersachsen bis zum heutigen Sachsen («Obersachsen») seinen Endpunkt gefunden. In Thüringen dagegen blieb er auf die wettinischen Staaten beschränkt, ohne auf die gesamte Region überzugehen.

Das Kurfürstentum Sachsen war auf dem besten Wege, zu einem modernen Territorialstaat zu werden. Die überkommenen Formen der Herrschaftsausübung wurden zunehmend durch moderne Strukturen der Landesherrschaft ersetzt. Dazu gehörten die Einteilung des Territoriums in Ämter, neue Formen der fürstlichen Regierung, Rechtsprechung und Steuererhebung. Die Vielfalt der Herrschaftsrechte über Land und Leute sowie der Zugriff auf die Kirche wurden weitgehend in der Hand des Landesherrn vereint. Zugleich ging die Tendenz dahin, die Einheit der entstehenden Territorialstaaten durch die Nachfolge nur eines Erben statt der teils weitläufigen Erbteilungen zu sichern. Auch hier begünstigte die dynastische Entwicklung die Wettiner. Landgraf Wilhelm III., der Tapfere (1445–1482), beherrschte den thüringischen Bereich mit der Hauptresidenz Weimar, während sein Bruder Friedrich II., der Sanftmütige (1428–1464), die Kurwürde und Markgrafschaft innehatte. Ein erneuter Bruderkrieg 1446–1451 konnte beigelegt werden. Friedrich folgte 1464 dessen Sohn Ernst, der sich die Herrschaft mit seinem jüngeren Bruder Albrecht teilte. Nach dem Tode Wilhelms III. ohne männliche Nachkommen 1482 lag die Herrschaft über eines der mächtigsten und angesehensten Fürstentümer wieder in der Hand eines Bruderpaares vereint.

2. Konkurrierende Herrscherhäuser, Reichsstädte und die Metropole Erfurt

Obgleich die Wettiner in hartem Ringen seit der Übernahme der Landgrafenwürde 1247/64 die Vorherrschaft über Thüringen gewannen, gelang ihnen nicht wie im späteren Sachsen die flächendeckende Erfassung des Territoriums. Hierin liegt eine wesentliche Wurzel für die Kleinstaatenlandschaft, die Thüringens Geschichte in der Neuzeit prägen sollte. Das Spätmittelalter ist charakterisiert durch das oft spannungsgeladene Nebeneinander der wettinischen Landgrafen bzw. Kurfürsten mit den sich dauerhaft haltenden einheimischen Adelsgeschlechtern der Schwarzburger und Reußen, den Hennebergern, dem Erzbischof von Mainz, den Reichsstädten Mühlhausen und Nordhausen und der zu einer der Metropolen des Reiches aufstrebenden autonomen Stadt Erfurt.

Allerdings führte die allmähliche Ausbildung von Landesherrschaften zum Verschwinden der vielen teils sehr alten Grafen- und Adelsgeschlechter als unmittelbare Herrschaftsträger. Sie stiegen zu untergeordneten Lehensträgern ab, mussten ihre Besitzungen verkaufen oder starben aus. So hatten u. a. die lange zu den mächtigsten und angesehensten Geschlechtern zählenden Grafen von Weimar-Orlamünde im Zuge des Thüringer Grafenkrieges 1342–1346 ihre Unabhängigkeit an die Wettiner verloren. Auch die Schwarzburger gehörten zu den Gewinnern dieses Konzentrationsprozesses, indem sie u. a. die Grafen von Honstein in Nordthüringen beerbten. Ihren einst großen Einfluss in diesem Gebiet verloren ebenso die Grafen von Beichlingen, die Ende des 16. Jahrhunderts ausstarben. Die Grafen von Gleichen wurden von Mainz und Erfurt aus ihren Rechten und Besitzungen verdrängt, die Restherrschaft um Wandersleben und Ohrdruf stieg zum Lehen der Wettiner ab.

Die wahrscheinlich bis ins 8. Jahrhundert zurückgehenden Grafen von Schwarzburg waren im nordöstlichen Vorland des Thüringer Waldes um ihren Stammsitz im Schwarzatal begütert. Zunächst teilten sie sich in zwei Grafschaften, wobei die ältere der Grafen von Käfernburg, benannt nach ihrem Stammsitz bei Arnstadt, 1385 ausstarb. Die Schwarzburger hatten dem Druck der Wettiner am erfolgreichsten widerstehen können und behaupteten trotz teilweiser Lehensabhängigkeit ihre Selbstständigkeit. Mit Besitzungen im Saaletal bei Jena, mit Dornburg, der Leuchtenburg bei Kahla und Saalfeld, die später jedoch wieder verloren gingen, waren sie den Wettinern zeitweise sehr nahe gerückt. Mit Rudolstadt konnten die Schwarzburger 1340 einen ihrer späteren Hauptsitze endgültig den Grafen von Orlamünde abringen. Zugleich griffen sie von ihrem süd- und mittelthüringischen Stammgebiet nach Nordthüringen aus und trugen dort wesentlich zur Verdrängung anderer Adelsgeschlechter bei. 1338 erwarben die Schwarzburger von den Honsteinern Schlotheim, 1340 von den Beichlingern Frankenhausen, 1356 wiederum von den Honsteinern Sondershausen. Diese neuen Besitzungen erweiterten als Unterherrschaft das schwarzburgische Territorium in beachtlichem Maße. Das 1140 gegründete Zisterzienserkloster Georgenthal diente als Hauskloster. Mit Graf Günther von Schwarzburg, einem der Hauptgegenspieler der Wettiner in der Zeit des Thüringer Grafenkrieges, gelangte neben dem Ludowinger Heinrich Raspe ein zweiter Thüringer zu freilich ebenso kurzen wie folgenlosen Königswürden (1349).

Die Herren von Reuß gehen auf ein thüringisches Ministerialengeschlecht zurück, das seit dem frühen 12. Jahrhundert in Ostthüringen nachweisbar ist. Sie wurden von den Staufern als Reichsvögte im Gebiet der Weißen Elster eingesetzt. Von diesen Vögten ging später auf die gesamte Landschaft der Name Vogtland über. Bis Mitte des 13. Jahrhunderts hatten sich die Linien Weida, Gera, Greiz und Plauen herausgebildet, die dank kaiserlicher Belehnung weitgehende Unabhängigkeit erlangten. Obwohl sie Mitte des 14. Jahrhunderts besonders infolge des Vogtländischen Krieges 1354–1359 in Lehensabhängigkeit der Wettiner (und des böhmischen Königs) gerieten und erhebliche

Gebietsverluste hinnehmen mussten, konnten die Reußen ihr thüringisches Kernterritorium um Gera, Greiz, Schleiz und Lobenstein halten. Der Name Reußen leitet sich nach unsicherer Überlieferung von erfolgreichen Kämpfen der Vögte gegen die Ruthenen (Russen) oder von dem mit einer russischen Prinzessin verheirateten Heinrich von Plauen (gest. 1295) ab. Leitname der Vögte und späteren Fürsten von Reuß blieb Heinrich, was zusammen mit der Aufspaltung in zahlreiche Linien zu einer komplizierten Zählung der gleichnamigen Herrscher führte.

Die bis ins 11. Jahrhundert zurückgehenden Grafen von Henneberg benannten sich nach ihrem Stammsitz bei Meiningen. Sie hatten sich nach dem Verlust des Würzburger Burggrafenamtes, das sie vermutlich seit Mitte des 11. Jahrhunderts ausgeübt hatten, ab Mitte des 13. Jahrhunderts stärker in den Werraraum und den südlichen Thüringer Wald (Elgersburg, Ilmenau) ausgedehnt. Ihr Machtbereich reichte im Spätmittelalter von Sonneberg bis Bad Salzungen und umfasste wichtige Wirtschaftsstandorte wie die Bergbau- und Waffenstadt Suhl und Schmalkalden. 1542 sollte Meiningen, bereits seit 1434 als Pfand der Würzburger Bischöfe im Besitz der Grafen, das Territorium abrunden. Geistliches Zentrum war das im Jahre 1131 gegründete Prämonstratenserkloster Veßra, in dem heute das Hennebergische Museum Kloster Veßra untergebracht ist. Wichtigster Zweig wurde die 1310 gefürstete Schleusinger Linie. Graf Berthold VII. von Henneberg-Schleusingen (1284–1340) gehörte zu den einflussreichsten Fürsten seiner Zeit und gilt als herausragender Vertreter seines Geschlechtes. Die um 1500 in Stile der Renaissance umgebaute Bertholdsburg in Schleusingen erinnert an die Blütezeit der Henneberger im thüringisch-fränkischen Grenzraum.

Die Reichsstädte Mühlhausen und Nordhausen gehen als königlicher Besitz bis in die Frankenzeit zurück und dienten zunächst als Machtgrundlage der Reichsgewalt und Gegengewicht zu den regionalen Herrschaften. 967 wurde Mühlhausen, wo sich das Zentrum eines bedeutenden Reichsgutbezirkes befand, durch Kaiser Otto II. erstmals urkundlich erwähnt. Nordhausens Ersterwähnung findet sich bei der Schenkung König Heinrichs I. an seine Gattin im Jahr 929. Seit der Stauferzeit gelang-

ten die Verwaltung und Rechtsprechung schrittweise aus den
Händen königlicher Beamter, eines Burggrafen in Mühlhausen
und der Reichsvögte bzw. -schultheiße in Nordhausen, an die
aufstrebende Bürgerschaft beider Städte mit einem Rat an der
Spitze. Dieser Prozess war Ende des 13. Jahrhunderts weitgehend abgeschlossen. Die Zerstörung der Burgen 1256 in Mühlhausen und 1277 in Nordhausen sowie die Vertreibung der
Reichsritter markieren dabei einen Höhepunkt. Trotz häufiger
innerer Spannungen zwischen den Bevölkerungsgruppen wegen
des Ratsregimentes konnten sich beide Städte gegen die Wettiner, Mainz und die umliegenden Herrschaften behaupten.
Durch den Thüringer Städtebund mit Erfurt (1304–1481) wurde
die Stellung weiter gefestigt. Beide Städte blühten dank eines
regen Handels und Gewerbes im Spätmittelalter auf, was sich
in Kultur und Architektur niederschlug. Mühlhausen rückte mit
ca. 6000 Einwohnern zur zweitgrößten Stadt nach Erfurt mit
großem Landgebiet auf.

Der alte thüringische Zentralort Erfurt ragte im Hochmittelalter als eine der größten Städte des Reiches, als Handels- und
Kulturmetropole deutlich heraus. Auf Karten oder in Chroniken
ist häufig von der «Metropolis Thuringiae» oder dem «Haupt
des Thüringer Landes» die Rede, wie es in Hartmann Schedels
‹Weltchronik› (1493) heißt. Die Bürgerschaft mit einem Rat an
der Spitze hatte seit der Mitte des 13. Jahrhunderts dem Mainzer Erzbischof, der als einflussreicher Reichsfürst und mit seinem Herrschaftskomplex im Eichsfeld weiter in Thüringen eine
wichtige Rolle spielte, weitgehende Autonomie abgerungen.
Mit eigenen Truppen und einem großen Landgebiet von bis
zu 80 Dörfern und Burgen sowie der Stadt Sömmerda bildete
das «Land Erfurt» einen bedeutenden Machtfaktor. Dank des
Reichslehens Wasserburg Kapellendorf (1352), das man den
Burggrafen von Kirchberg abgekauft hatte, kam Erfurt sogar
dem Status einer Reichsstadt sehr nahe, ohne die kurmainzische
Landeshoheit formal abzustreifen. Das zeigt sich auch in den
zahlreichen Hof- und Reichstagen sowie wichtigen Ereignissen
der Reichsgeschichte. So erfolgte 1181 in der Kirche des Erfurter
Petersklosters die Unterwerfung Heinrichs des Löwen unter Bar-

barossa, der von hier aus die Kämpfe gegen die Welfen geleitet hatte. 1289/90 führte Kaiser Rudolf von Habsburg lange die Reichsgeschäfte von Erfurt aus und stellte dabei mit Unterstützung der Bürgerschaft den Landfrieden gegen das Raubritterunwesen wieder her.

Grundlage dieser starken Position waren Handel und Messe am Kreuzungspunkt wichtiger Fernstraßen, insbesondere der Via Regia, der Königs- oder Hohen Straße. Wichtigstes Handelsgut bildete das begehrte Blaufärbemittel Waid. Die mit zwei Mauerringen umwehrte Stadt zählte als mittelalterliche Großstadt bis zu 20 000 Einwohner, während selbst die wettinische Hauptresidenz Weimar eine Ackerbürgerstadt von kaum 1800 Einwohnern war. Zugleich entwickelte sich Erfurt zum weit über Thüringen ausstrahlenden Kulturzentrum. Für das kirchliche Zentrum, aber auch das kulturfördernde Selbstbewusstsein einer wohlhabenden Bürgerschaft steht das imposante Ensemble von Dom und Severikirche auf dem Domberg, das die «Erfordia turrita», das turmreiche Erfurt, überragt. Bedeutende Theologen und Gelehrte wirkten in der Stadt, darunter der Mystiker Meister Eckart, 1294–1311 Prior des Erfurter Dominikanerklosters und Vikar der Ordensprovinz Thüringen bzw. Saxonia.

Der Rat erhielt 1379 das erste päpstliche Privileg für die Gründung einer Universität im heutigen Deutschland. Nach erneuter Privilegierung 1389 nahm diese 1392 ihren Lehrbetrieb auf. Im 15. Jahrhundert gehörte die Universität Erfurt zu den renommiertesten und meistbesuchten Hochschulen des Reiches. Das Collegium maius, einstiges Hauptgebäude im «lateinischen Viertel» der Altstadt, steht für die Blütezeit Erfurts als Wissenschaftszentrum von europäischem Rang. Erfurt wurde auch zu einem frühen Zentrum des Buchdruckes mit der revolutionären Technik beweglicher Metalllettern von Johannes Gutenberg nach 1450. Von besonderer Bedeutung war ebenso die große jüdische Gemeinde, die allerdings mit dem Pogrom von 1349 ausgelöscht wurde. Ihr reiches Erbe manifestiert sich heute in einem einmalig dichten Netzwerk aus drei Synagogen, Friedhöfen und einem Mikwe-Ritualbad. Die 2009 museal erschlossene

Alte Synagoge, in der unter anderem der wertvolle jüdische «Erfurter Schatz» gezeigt wird, gilt mit baulichen Anfängen um 1100 als älteste komplett erhaltene Synagoge in Mitteleuropa.

VI. Thüringen von der Reformation zur Goethezeit (16.–18. Jahrhundert)

Die Wettiner hatten sich im Mittelalter zur beherrschenden Macht im mitteldeutschen Raum aufgeschwungen. Erbteilungen splitterten jedoch den Gesamtbesitz immer wieder auf, bis die Leipziger Teilung 1485 zur dauerhaften Aufspaltung in eine ernestinische (thüringische) und albertinische (sächsische) Linie führte. Dies stellte die Weichen hin zu den heutigen Freistaaten Thüringen und Sachsen. Den Albertinern gelang die Entwicklung des Kurfürstentums Sachsen zu einem Territorialstaat. Die Ernestiner hingegen splitterten ihren Besitz seit dem 16. Jahrhundert auf, was mit zur Ausbildung der frühneuzeitlichen Kleinstaatenwelt beitrug. Sie waren aber zugleich auch die wichtigsten Träger jener einzigartigen Kulturlandschaft zwischen Reformation und Goethezeit, in der die große historische Bedeutung Thüringens wurzelt.

1. Ausbildung der frühneuzeitlichen Kleinstaatenwelt

Die Wettiner sollten auch in der Frühneuzeit das dominierende Element in Thüringen bleiben. Allerdings kam es nicht zur Festigung eines einheitlichen wettinischen Territorialstaates in Mitteldeutschland, der ganz andere historische Perspektiven eröffnet hätte. Vielmehr steht am Beginn dieser Epoche ein Ereignis, das zu den entscheidenden Zäsuren der thüringisch-sächsischen Geschichte zählt. Die Leipziger Teilung von 1485 zwischen den Brüdern Ernst und Albrecht, bis dahin gemeinsam Herzöge von Sachsen, spaltete den großen Länderkomplex zwischen Lausitz und Werratal in zwei Linien. Der jüngere Albrecht erhielt die

Markgrafschaft Meißen, Gebiete um Leipzig sowie einen Landstreifen im nördlichen Thüringen bis Langensalza, womit auch die Landgrafschaft erstmals geteilt wurde. Kurfürst Ernst übernahm das mit der Kurwürde verbundene Herzogtum Sachsen-Wittenberg, einen breiten Landstreifen bis nach Zwickau und ins Vogtland sowie die Gebiete in Thüringen um Altenburg, Weimar, Gotha, Eisenach und Coburg. Neben den Gebietsüberschneidungen verfügten beide gemeinsam u. a. über die Einkünfte aus den ertragreichen Bergwerken des Erzgebirges. Wird die Leipziger Teilung heute auch nicht mehr durchweg als das große Verhängnis der Wettiner gewertet, so sollte die dauerhafte Spaltung in zwei Linien doch langfristig zu einer Schwächung ihrer Position führen.

Unter Kurfürst Friedrich dem Weisen (1486–1525) zählte der ernestinische Staat mit seinen Residenzen Wittenberg, Torgau und Weimar zu den angesehensten des Reiches. Zugleich wurde das Kurfürstentum Sachsen einer der Hauptverfechter der 1517 einsetzenden Reformation. Im Schmalkaldischen Bund der protestantischen Reichsstände von 1531 übten die Kurfürsten Johann der Beständige (1525–1532) und Johann Friedrich der Großmütige (1532–1547) neben dem hessischen Landgrafen Philipp I. (1518–1567) eine Führungsrolle aus. Diese kostete jedoch die Ernestiner im Schmalkaldischen Krieg 1546/47 ihre Machtstellung. Nach der Niederlage gegen Kaiser Karl V. und Herzog Moritz von Sachsen (albertinische Linie) in der Schlacht bei Mühlberg an der Elbe am 24. April 1547 gingen die Kurwürde, alle nichtthüringischen Gebiete und gemeinsamen Erträge an die Albertiner über. Diesen gelang im Weiteren die Entwicklung des Kurfürstentums Sachsen zu einem einheitlichen Territorialstaat mit der Hauptstadt Dresden. Johann Friedrich verblieb bis 1552 in kaiserlicher Gefangenschaft und residierte danach als Herzog von Sachsen in Weimar. Sein Nachfolger Johann Friedrich II., der Mittlere (1554–1567), scheiterte 1567 mit dem Versuch, die verlorenen Positionen gewaltsam zurückzugewinnen, und blieb bis zu seinem Tode in kaiserlicher Gefangenschaft. Das ernestinische Herzogtum wurde daraufhin 1572/73 vom Kaiser unter die Söhne Johann Friedrichs und seines Bruders Johann Wilhelm (1554–1573) aufgeteilt, die unter kursächsischer Vormundschaft standen.

An der Praxis der Erbteilungen sollten die Ernestiner festhalten, sodass auf dem Gebiet des thüringischen Herzogtums Sachsen anders als in Kursachsen oder Brandenburg-Preußen kein Territorialstaat entstehen konnte. Ursache war die Vererbung auf mehrere männliche Nachkommen oder das Aussterben einer Linie. Erst seit Ende des 17. Jahrhunderts gingen die Ernestiner wie die übrigen Kleinstaaten in Thüringen zur Primogenitur über, d. h. zur Vererbung auf den ältesten Nachkommen.

Die Erfurter Teilung 1572 führte zunächst zur Bildung der Herzogtümer Sachsen-Coburg-Eisenach und Sachsen-Weimar. Beide wurden bereits 1596 bzw. 1603 in Coburg, Eisenach, Weimar und Altenburg weiter aufgesplittert. Coburg fiel 1633 an Eisenach, das wiederum 1638 unter Weimar und Altenburg aufgeteilt wurde. Nach einer Aufteilung Weimars 1640/41 in Weimar, Eisenach (bis 1644) und Gotha bestanden nach dem Aussterben der Altenburger 1672 nur noch Weimar und Gotha. Freilich erreichte die Kleinstaaterei jetzt erst ihren Höhepunkt mit zeitweise zehn Herzogtümern. Noch 1672 wurde Weimar in Weimar, Jena (bis 1690) und Eisenach (bis 1741) aufgeteilt. Von 1741 an sollte das Herzogtum Sachsen-Weimar-Eisenach Bestand haben. Gotha wurde 1680/81 in Gotha-Altenburg, Coburg, Meiningen, Römhild, Eisenberg, Hildburghausen und Saalfeld aufgeteilt. Hier reduzierte sich die Zahl der Herzogtümer wieder durch das Erlöschen von Coburg (1699), Eisenberg (1707) und Römhild (1710). 1735 wurde Coburg-Saalfeld gebildet. Bis auf eine letzte Umverteilung des Gothaer Gesamtbesitzes 1826 hatte damit die Teilungspraxis der Ernestiner ein Ende gefunden.

Neben den Wettinern gelang es den Schwarzburgern und Reußen, sich dauerhaft als Landesherren zu etablieren. Sie komplettierten dabei mit ihren Erbteilungen und verstreuten Ländereien das Bild der thüringischen Kleinstaatenwelt. Die Grafen von Schwarzburg hatten ihre Position im Schatten der ernestinischen Katastrophen 1547/67 gefestigt und 1564 ihren Besitz vereint. 1571 kam es zur Aufteilung in die südliche Oberherrschaft (1574

Teilung in Arnstadt [bis 1583] und Rudolstadt) sowie Sondershausen und Frankenhausen in der nördlichen Unterherrschaft. 1599 ergab eine Neuaufteilung die Grafschaften Schwarzburg-Sondershausen und Schwarzburg-Rudolstadt, die 1697 und 1711 in den Reichsfürstenstand erhoben wurden. Sie waren jeweils durch Gebietsanteile in der Ober- und Unterherrschaft miteinander verschränkt. Bis auf die zeitweilige Aufspaltung von Sondershausen 1651 in die Herrschaften Sondershausen, Arnstadt (bis 1716) und Ebeleben (bis 1681) blieb es bei den beiden Linien.

Die Reußen in Ostthüringen hatten sich im Schmalkaldischen Krieg auf der Seite der Protestanten engagiert und verloren zeitweise große Teile ihrer Herrschaften um Gera und Greiz. Zwischen 1560 und 1590 gelang es ihnen jedoch, diese wieder zurückzugewinnen. 1673 wurden sie in den Reichsgrafenstand und 1778 in den Reichsfürstenstand erhoben. Die Reußen praktizierten ebenfalls eine Teilungspolitik, beginnend 1564 mit den Linien Gera (jüngere Linie), Untergreiz (ältere Linie) und Obergreiz (mittlere Linie). Die mittlere Linie starb 1616 aus, während die beiden anderen sich in bis zu zehn Einzelherrschaften aufspalteten. So erlangten neben Gera und Greiz zahlreiche ostthüringische Städte bzw. Dörfer den zeitweiligen Status einer reußischen Residenz: Schleiz, Lobenstein, Ebersdorf, Hirschberg und Saalburg (jüngere Linie) sowie Burgk, Dölau und Rothenthal (ältere Linie). 1768 konnte die ältere Linie wieder vereint werden und stieg 1778 zum Fürstentum Reuß ä. L. auf, 1848 erfolgte dies mit dem Fürstentum Reuß j. L.

Im Gegensatz zu Schwarzburgern und Reußen schieden die Grafen von Henneberg als mächtiges Herrscherhaus im südthüringisch-fränkischen Grenzraum aus der Geschichte. Hatten sie 1542 mit dem Erwerb Meiningens ihr Territorium in Thüringen noch einmal arrondieren können, mussten die Henneberger 1554 wegen hoher Verschuldung für den Fall des Aussterbens ihre Ländereien an die Ernestiner verschreiben. Als 1583 dieser Fall eintrat, teilten sich Ernestiner und Albertiner dieses Erbe, das zunächst von Meiningen aus gemeinsam verwaltet wurde. 1660 teilte man es endgültig, wobei die ernestinischen Linien

Weimar (Ilmenau, Kaltennordheim), Gotha (Frauenbreitungen, Amt Sand, Wasungen) und Altenburg (Meiningen, Themar, Maßfeld, Behrungen, Henneberg, Milz) ihre territoriale Basis deutlich verbreitern konnten. Das albertinische Kursachsen bekam Gebiete um Schleusingen und Suhl. Die Herrschaft Schmalkalden ging 1583 in den alleinigen Besitz der Landgrafschaft Hessen über. Schmalkalden wurde zur Nebenresidenz ausgebaut, woran das prächtige Renaissanceschloss Wilhelmsburg (1584–1590) erinnert.

Die Stadt Erfurt blieb weiterhin das urbane Zentrum Thüringens, hatte allerdings an der Schwelle zur Neuzeit den Zenit ihrer Entwicklung überschritten. 1483 musste Erfurt in den Verträgen von Amorbach und Weimar den Mainzer Erzbischof als Landesherrn und die Wettiner als Schutzherren förmlich anerkennen. Die verschuldete Kommune wurde von den zeittypischen sozialpolitischen Spannungen erfasst, die im «Tollen Jahr von Erfurt» 1509/10 gipfelten. Leipzig verdrängte Erfurt als wichtigster Messestandort Mitteldeutschlands, der Waidhandel wurde durch das überseeische Indigo beeinträchtigt, wie überhaupt die Verlagerung der europäischen Handelswege negativ zu Buche schlug. Dennoch erholte sich das Handels- und Kulturzentrum noch einmal und konnte die Ambitionen der Mainzer und Ernestiner weiter abwehren. Nach dem Dreißigjährigen Krieg 1618–1648, der die Stadt nachhaltig schwächte, erfolgte jedoch 1664 die Unterwerfung durch Kurfürst Johann Philipp von Schönborn. Erfurt verlor seine reichsstadtähnliche Autonomie und wurde Sitz eines kurmainzischen Statthalters. Ihren Status als Reichsstadt konnten dagegen Nordhausen und Mühlhausen behaupten, wenngleich die Blütezeit ebenfalls hinter ihnen lag. Mühlhausen hatte wegen seiner Rolle im Bauernkrieg 1525 sogar zeitweise die Reichsunmittelbarkeit verloren, die es allerdings 1548 erneuern konnte.

Statt Teil eines mächtigen wettinischen Territorialstaates zu werden, bildete sich also seit dem 16. Jahrhundert in Thüringen eine stark zerklüftete Kleinstaatenwelt heraus. In jener Zeit einschneidender machtpolitisch-konfessioneller Auseinandersetzungen waren die Kleinstaaten Spielball der großen Mächte.

Im Dreißigjährigen Krieg wurde Thüringen zum Durchzugs-
gebiet marodierender Heere und verlor mehr als die Hälfte seiner Bevölkerung. Obwohl sich die thüringischen Herrscher zur
lutherischen Konfession bekannten und einzelne Vertreter wie
die ernestinischen Herzöge Bernhard, Wilhelm und Ernst auch
offen für sie eintraten, hatten sie immer wieder zwischen protestantischen Mächten sowie dem katholischen Lager mit dem Kaiser zu taktieren. Die sprichwörtliche thüringische Kleinstaaterei
sollte dabei das Bild vom ausgehöhlten, machtlosen Heiligen
Römischen Reich deutscher Nation, das spätestens seit dem
Westfälischen Frieden 1648 seine Stände in die weitgehende
Souveränität entlassen habe, wesentlich mit prägen. Lange Zeit
dominierten negative Einschätzungen des «Flickenteppichs» mit
seinen rund 300 Reichsständen samt den viel zitierten Duodezfürsten besonders in Schwaben, Franken und Thüringen.

Mittlerweile wird jedoch die Verfassung des alten Reiches dif-
ferenzierter betrachtet. Es werden positive Traditionslinien zum
Föderalismus unserer Tage gezogen, nicht zuletzt mit Blick auf
die große kulturelle Vielfalt in Deutschland. Statt einen einzigen
souveränen Staat wie in Frankreich zu bilden oder sich in einzelne Staaten aufzulösen, ist das Reich den Mittelweg des Föderalismus gegangen. Zwar bildeten sich durchaus Territorialstaaten heraus, die jedoch in das Reich mit kaiserlichem Oberhaupt,
mit Reichstag, Reichsgerichten, Reichskreisen usw. eingebettet
waren. Auch wenn damit kaum Expansionspolitik möglich war,
bot das Reich seinen Mitgliedern doch eine gewisse Sicherheit
nach innen und außen. Dies galt zumal für die thüringischen
Fürsten, die sich auf den Obersächsischen und Fränkischen
Reichskreis verteilten, während die kurmainzischen Gebiete um
Erfurt und das Eichsfeld zum Kurrheinischen Reichskreis, die
Reichsstädte Mühlhausen und Nordhausen zum Niedersächsi-
schen Reichskreis zählten.

Die Ausbildung territorialstaatlicher und absolutistischer
Strukturen bis ins 18. Jahrhundert erreichte in Thüringen bei
Weitem nicht das Maß wie in Österreich oder Preußen, die sich
wiederum am Vorbild Frankreichs unter «Sonnenkönig» Ludwig XIV. (1643–1715) orientierten. Dazu fehlte den oft nur das

Gebiet eines heutigen Landkreises beherrschenden Herzögen und Grafen allein schon die ökonomische Grundlage. Dies hielt freilich einige nicht davon ab, unter fürstlicher Prachtentfaltung und Selbstherrlichkeit weit über die eigenen Verhältnisse zu leben. So gerieten Sachsen-Hildburghausen und Sachsen-Coburg-Saalfeld sogar unter kaiserliche Finanzaufsicht. Die kleinsten Herrschaften besaßen nie die vollen Souveränitätsrechte, die etwa im Falle der Teilungen nach 1681 in Gotha verblieben. Darüber hinaus unterhielten die Kleinstaaten gemeinsame Einrichtungen wie das Hofgericht in Jena (1566). Die Wettiner beanspruchten andererseits auch unter Berufung auf ihren Titel als Landgrafen von Thüringen weiterhin eine gewisse Vorherrschaft, die sie als Lehnsherren der Schwarzburger und Reußen sowie Schutzherren von Erfurt untermauern konnten. Über diesen ernestinischen Anspruch hinaus blieb Thüringen «in der Frühen Neuzeit ein an der mittelalterlichen Tradition orientierter Landschaftsbegriff» (Georg Schmidt), der sich in zahlreichen Urkunden, Karten, Chroniken und Lexika dokumentiert.

Obwohl die thüringischen Herrscherhäuser einschließlich der Wettiner, ebenso wie die beiden Reichsstädte und Erfurt, kaum noch politische Impulse über die Region hinaus setzen konnten, ragen doch einige ihrer Vertreter deutlich heraus. Herzog Johann Casimir von Sachsen-Coburg (1572–1633) und Heinrich Posthumus von Reuß j. L. (1595–1635) schufen ein vorbildhaftes frühmodernes Staatswesen und führten ihre Residenzen zu kultureller Blüte. Herzog Bernhard von Weimar (1620–1639) gehörte zu den erfolgreichsten Heerführern des Dreißigjährigen Krieges, scheiterte allerdings mit dem Versuch, seine kleinstaatliche Herrschaft durch das von den Schweden geschaffene Herzogtum Franken und elsässische Gebiete zu erweitern. Sein Bruder Herzog Ernst der Fromme von Sachsen-Gotha (1640–1675) entwickelte nach den Verheerungen des Krieges ein mustergültiges Staatswesen mit nachhaltigen Impulsen für Kultur, Bildung, Rechtswesen und Wirtschaft.

Das fürstliche Repräsentationsbedürfnis kommt am deutlichsten in den Schlössern der Residenzstädte zum Ausdruck, die mit Kunstschätzen angefüllt und in parkumsäumte Ensembles von Palais, Orangerien und Marställen, von Theatern, Museen, Bibliotheken und Archiven eingebettet sind. Die Schwarzburger ließen in Sondershausen seit 1697 ihr Renaissanceschloss barock, später klassizistisch umbauen; in Rudolstadt hinterließen sie mit der Heidecksburg (1737–1786) eines der beeindruckendsten Barockschlösser. Die Reußen schufen in Greiz ein Ensemble aus barock umgebautem Oberen Schloss (1697–1753) und klassizistischem Unteren Schloss (1802–1809); das Renaissanceschloss Osterstein thronte bis zu seiner Zerstörung 1945 über der Stadt Gera. Der frühbarocke Friedenstein (1643–1656) Ernsts des Frommen dominiert Gotha ebenso wie die zum barocken Schloss umgebaute Burg die Stadt Altenburg (1706–1744). In Meiningen erinnert das barocke Schloss Elisabethenburg (1682–1692) an die Residenzzeit, in Coburg die romantisch überformte Veste und das neugotisch umgestaltete Stadtschloss Ehrenburg (1816–1838). In Weimar schließlich bildet das anstelle der 1774 abgebrannten Wilhelmsburg errichtete barockklassizistische Residenzschloss (1789–1834) das Herzstück einer Residenzlandschaft mit den Schlössern Belvedere (1724–1732), Tiefurt (1765) und Ettersburg (1728–1740). Hinzu kommen die Neben- bzw. zeitweiligen Residenzen, Landschlösser sowie die barocke kurmainzische Statthalterei in Erfurt (1713–1720). Thüringen verfügt damit als «Land der Residenzen» über die größte Dichte an fürstlichen Repräsentationsbauten in Deutschland. Die einstigen Herrschersitze spielen heute im kulturell-touristischen Leben eine zentrale Rolle.

Trotz der Neubewertung des Reiches und seiner föderalen Tradition lassen sich jedoch die nachlassende Funktionsfähigkeit und wachsende Polarisierung auf die Hegemonialmächte Österreich und Preußen in der zweiten Hälfte des 18. Jahrhunderts nicht übersehen. Preußen konnte zumindest teilweise seine Annektionsziele in den Kriegen Friedrichs des Großen bis zum Siebenjährigen Krieg (1756–1763) erreichen, der auch in Thüringen zu schweren Verwüstungen führte. Österreich strebte unter Kaiser Joseph II. seit dem Bayerischen Erbfolgekrieg (1778/79) offen den Erwerb Bayerns an. Hiergegen regte sich in den 1780er-Jahren noch einmal Widerspruch. Weimars Herzog Carl

August (1775–1828) gehörte zu jenen kleineren und mittleren Fürsten, die das Reich reformieren und als «drittes Deutschland» in Form eines Fürstenbundes ein Gegengewicht zu den beiden Großmächten bilden wollten. Diese Versuche blieben freilich weitgehend erfolglos und konnten in der napoleonischen Zeit die endgültige Aushöhlung sowie den Untergang des Reiches 1806 nicht aufhalten.

Die kulturpolitischen Profilierungsversuche Weimars sollten sich dagegen als voller Erfolg erweisen. Nicht die Metropolen Wien oder Berlin, sondern das Städtchen an der Ilm wurde gemeinsam mit der benachbarten Universitätsstadt Jena zum Fokus der sich konstituierenden Kulturnation an der Schwelle zur Moderne. Carl August gelang gemeinsam mit seinen Dichtern und Denkern um Goethe das «Experiment eines kulturellen Mittelpunktes zwischen den beiden Großmächten» (Georg Schmidt). Nach dem mehrfachen Scheitern seiner ernestinischen Vorfahren auf dem Feld von Diplomatie und Krieg seit der Katastrophe von 1547 und dem Zurückfallen Thüringens in kleinstaatliche Bedeutungslosigkeit hatte er damit die kulturpolitischen Großmachtambitionen seines Geschlechtes zum beeindruckenden Erfolg geführt.

2. Kulturlandschaft zwischen Reformation und Klassik

Als viel zitiertes «Kernland der Reformation», in dem Martin Luther (1483–1546) seine Wurzeln hatte, rückte Thüringen in den Fokus der Weltgeschichte. Der Vater des in Eisleben geborenen Reformators kam aus dem Familienstammort Möhra im westlichen Thüringer Wald, seine Mutter aus Eisenach, wo Luther 1498–1501 die Lateinschule besuchte. 1501–1505 studierte er an der Universität Erfurt, noch immer eine der renommiertesten Hochschulen des Reiches. Luther selbst bezeichnete sie als seine «wahrhaft nährende Mutter» (Alma mater), der er alles verdanke. Erfurt stand um 1500 als ein Zentrum des Humanismus mit an der Spitze des europäischen Geisteslebens. Aus dem Erfurter Humanistenkreis um Nikolaus Marschalk, Mutianus Rufus und Eobanus Hessus gingen die «Dunkelmännerbriefe» (1515/17) hervor, eine der treffendsten Satiren gegen Scholastik und Klerus. Hat der Student und Magister Luther in der Metropole Erfurt wichtige Impulse erhalten, so wird sein sagenumwobenes «Gewittererlebnis» nahe dem heutigen Vorort Stotternheim 1505 als «Werdepunkt der Reformation» eingestuft. In höchster Not soll er nach einem Blitzschlag gelobt haben, Mönch zu werden. Der Jurastudent trat darauf gegen den Willen von Eltern und Freunden in das Erfurter Augustinerkloster ein, wo er bis zu seiner endgültigen Übersiedlung nach Wittenberg 1511 als Mönch lebte und Theologie studierte. In Erfurt begann das harte Ringen um die theologischen Einsichten, die zur Grundlage der Reformation werden sollten.

Nach dem später zum Auslöser der Reformation verklärten Anschlag der Thesen gegen den Ablasshandel an die Schlosskirche zu Wittenberg 1517 rückte Kurfürst Friedrich der Weise zum Schutzherrn Luthers auf, der seit 1512 Professor an der Universität Wittenberg (1502) war. Auf dem Reichstag zu Worms 1521, auf dem Luther vor Kaiser Karl V. seine Lehren nicht widerrief, wurde über ihn die Reichsacht verhängt. Es folgte die Scheinentführung auf die Wartburg, wo Luther als «Junker Jörg» getarnt 1521/22 das Neue Testament ins Deutsche übersetzte. 1534 folgte die vollständige «Lutherbibel», der eine wichtige Rolle bei der Durchsetzung einer neuhochdeutschen Sprache zugeschrieben wird. Luther legte damit eine wesentliche Grundlage für die Ausbreitung seiner Vorstellungen, die vom Buchdruck und von prominenten Künstlern befördert wurden. Mit Lucas Cranach d. Ä. stand einer der bedeutendsten Maler und Grafiker der Renaissance auf Luthers Seite. Seit 1505 kursächsischer Hofmaler in Wittenberg, folgte er 1552 seinem Landesherrn Johann Friedrich nach Weimar, woran das prächtige Cranachhaus am Markt erinnert. Luther konnte als zentrale Symbolfigur im Schutzraum des ernestinischen Kurfürstentums die Ausbreitung der Reformation verfolgen. So hielt er sich 1530 auf der Veste Coburg auf, als die protestantischen Reichsstände das von seinem Weggefährten Philipp Melanchthon verfasste Augsburgische Bekenntnis (Confessio Augustana) dem Kaiser übergaben. Thüringen verfügt so neben Sachsen-Anhalt über die meisten bedeutenden Luther-Erinnerungsstätten, allen voran die Lutherstadt Erfurt (Augustinerkloster, Georgenburse, Alte Universität) und die Wartburg.

In Thüringen griffen die Herrscherhäuser, beginnend mit dem Kurfürstentum Sachsen, bis Mitte des 16. Jahrhunderts das neue Bekenntnis auf. Dabei förderte die von Luther autorisierte Erhebung der Fürsten zu Obersten Bischöfen und der Aufbau landeskirchlicher Strukturen die Ausbildung einer frühneuzeitlichen Staatlichkeit. Im Augsburger Religionsfrieden 1555 wurde schließlich unter der Formel «Cuius regio, eius religio» (Wessen Land, dessen Religion) sanktioniert, dass der Landesherr die Religion bestimmen konnte. Begleitet von Unruhen wie den «Pfaffenstürmen» auf Klöster und Kirchen, gewann die Reformation auch in Mühlhausen, Nordhausen und Erfurt rasch an Boden. Thüringen gehörte damit fortan im religiös gespaltenen Reich zum mehrheitlich protestantischen Kulturraum Mittel- und Norddeutschlands. Allerdings sollte sich in Erfurt durch den Einfluss des Mainzer Erzbischofs eine katholische Minderheit halten, während im Eichsfeld die Gegenreformation seit dem späten 16. Jahrhundert sogar die weitgehende Rückkehr zum katholischen Glauben erzwingen konnte.

Die von Luther angefachte Aufbruchstimmung ging weit über dessen Intentionen hinaus. Radikale Kräfte forderten soziale Konsequenzen und fanden damit breiten Zulauf. Luthers Wittenberger Professorenkollege Andreas Bodenstein, genannt Karlstadt, versuchte seine Vorstellungen 1523/24 in Orlamünde als Pfarrer umzusetzen, worauf er auf Betreiben Luthers des Landes verwiesen wurde. Thomas Müntzer, zunächst noch mit Unterstützung Luthers in Zwickau und Allstedt als Pfarrer tätig, wurde zum Führer des Bauernkrieges in Thüringen. Mit seiner radikalen Theologie fand er einen großen Anhang und ließ sich 1524 in der Reichsstadt Mühlhausen nieder, wo ein «Ewiger Rat» die Patrizier entmachtete. Als sich im Frühjahr 1525 in weiten Teilen Thüringens Bauernhaufen gegen Adel und Klerus erhoben, stellte sich Müntzer an deren Spitze. Am 15. Mai 1525 unterlagen die Bauern in der blutigen Entscheidungsschlacht bei Frankenhausen gegen die Truppen Landgraf Philipps von Hes-

sen und Herzog Georgs von Sachsen; Müntzer wurde vor den
Toren Mühlhausens hingerichtet. Thüringen wurde so in großer
räumlicher Dichte zu einem Hauptschauplatz jener vielschich-
tigen sozial- und geistesgeschichtlichen Prozesse am Beginn der
Neuzeit, für die die DDR-Geschichtsschreibung unter Verbin-
dung von Reformation und Bauernkrieg den Begriff der Früh-
bürgerlichen Revolution geprägt hatte.

Ein wesentlicher Träger der Kulturlandschaft Thüringen wurde
seit Mitte des 16. Jahrhunderts neben den Fürstenhöfen und
Städten die Universität Jena. Herzog Johann Friedrich («Han-
fried») gründete 1548 als Ersatz für die 1547 an die Albertiner
verlorene Wittenberger Universität eine Hohe Schule in Jena, die
1557/58 zur Universität erhoben wurde. Sie entwickelte sich zur
protestantischen Landesuniversität mit wachsender Ausstrah-
lung. So legte jener Fürst, unter dem die machtpolitische Stellung der Ernestiner verloren gegangen war, zugleich eine wichtige Basis für deren Aufstieg zur kulturellen Großmacht. Die
Universität wurde von den ernestinischen Herzögen gemeinsam
unterhalten und zählte damit zu den integrativen Elementen des
Fürstenhauses. Eine ihrer Hauptfunktionen war die Ausbildung
von evangelischen Geistlichen und Beamten, wobei sich die
Alma mater Jenensis bald einen guten Ruf weit über die Region
hinaus erwarb. Parallel verlor die konfessionell gespaltene Universität Erfurt zunehmend an Bedeutung, bis sie schließlich 1816
geschlossen wurde.

In die Annalen der deutschen Literaturgeschichte ging Herzog
Wilhelm IV. von Weimar (1620–1662) als Mitinitiator und lang-
jähriges Oberhaupt der Fruchtbringenden Gesellschaft ein. Jene
1617 in Weimar gegründete Gesellschaft hatte sich nach dem
Vorbild Italiens die Pflege der deutschen Sprache zur Aufgabe
gemacht. Sie zielte aber auch auf die Stärkung des National-
bewusstseins der Deutschen, das sich seit Beginn der Neuzeit um
1500 auszuprägen begann. Politische Ambitionen Wilhelms
etwa in Form des «Deutschen Friedbundes» (1622/23) trugen
zwar keine Früchte, zeigen aber die Vision einer durch Sprache,
Religion und Staat geeinten Nation. Dem «Palmenorden», wie
diese Gesellschaft nach ihrem Emblem genannt wurde, gehörten

standesübergreifend Adlige, darunter zahlreiche thüringische Fürsten, bürgerliche Gelehrte und die meisten bedeutenden Barockdichter wie Martin Opitz, Andreas Gryphius, Friedrich von Logau und Philipp von Zesen an. Seit 1651 stand der kulturell sehr aufgeschlossene Wilhelm an der Spitze der nun in Weimar ansässigen Gesellschaft. 1653 holte er den Dichter Georg Neumark als Sekretär der Gesellschaft sowie Bibliothekar und Hofdichter nach Weimar. Zwischen Wilhelm und Neumark entwickelte sich ein ähnliches Verhältnis wie später zwischen Herzog Carl August und Goethe.

Eine der größten kulturellen Persönlichkeiten nicht nur des Barockzeitalters, der Musiker und Komponist Johann Sebastian Bach, stammte ebenfalls aus Thüringen und wirkte am Weimarer Hof. Die weit verzweigte Musikerfamilie der «Bache» lässt sich bis ins 16. Jahrhundert zurückverfolgen; als ihr Stammort gilt Wechmar bei Gotha. Johann Sebastian Bach, dessen Eltern aus Erfurt stammten, wurde 1685 in Eisenach geboren. Er bekam als Organist in Arnstadt (1703–1707), Mühlhausen (1707/08) und Weimar (1708–1717) erste Anstellungen. Allerdings wird man Bachs Tätigkeit als Hoforganist nur bedingt als Vorbote der kulturellen Blütezeit Weimars werten können. Nicht wie erhofft zum Hofkapellmeister befördert, wurde er von Herzog Wilhelm Ernst erst nach Absitzen einer Kerkerhaft in Ungnade entlassen. Auch wenn sich der Ernestiner damit einen unrühmlichen Platz in der Musikgeschichte gesichert hat, verweist das Wirken Bachs aber doch auf die beachtliche Musiktradition am Weimarer Hof. So hatte Wilhelm IV. den Komponisten und angesehenen Dresdner Hofkapellmeister Heinrich Schütz, 1585 in Köstritz bei Gera geboren, mehrfach als Gast nach Weimar geladen.

Das Bild der Kulturlandschaft Thüringen wird am stärksten von der «Weimarer Klassik» geprägt, dem «Goldenen Zeitalter» im Herzogtum Sachsen-Weimar-Eisenach. Unter der Herrschaft von Herzogin Anna Amalia (1756–1775) und ihres Sohnes Carl August (1775–1828) kamen zahlreiche Geistesgrößen der Zeit wie Johann Wolfgang Goethe, Christoph Martin Wieland, Johann Gottfried Herder und Friedrich Schiller ins «Ilm-Athen», betrieb man erfolgreich «kulturelle Großmachtpolitik». Man hat in diesem Zusammenhang von einem «dynastischen Glücksfall» gesprochen, war doch für das kleine, sozial-wirtschaftlich eher rückständige und finanziell sehr eingeschränkte Herzogtum mit seiner ländlich anmutenden Residenzstadt von 6000 Einwohnern eine solche Entwicklung keineswegs selbstverständlich. In jenem guten halben Jahrhundert stieg Weimar (zusammen mit dem benachbarten Jena) zu einem Zentrum deutscher und europäischer Kultur auf, dessen Pflege für die nachkommenden Generationen bis hin zum heutigen Freistaat Thüringen ein zentrales Element der Kulturpolitik bildete und bildet.

Herzogin Anna Amalia, schon 1758 verwitwet, übernahm die Regentschaft bis zur Volljährigkeit ihres Sohnes Carl August. Die braunschweigische Prinzessin von nur 19 Jahren profilierte sich rasch als resolute, kunstsinnige Landesherrin. Mit Christoph Martin Wieland holte sie den ersten der großen Literaten 1772 als Prinzenerzieher von der Universität Erfurt nach Weimar. Durch sein breites publizistisches Wirken und die Literaturzeitschrift «Teutscher Merkur» begann Wieland Weimar in den Mittelpunkt der angestrebten Kulturnation zu rücken. Über die Zeit der Regentschaft hinaus entfaltete Anna Amalia in ihrem Wittumspalais, in Schloss Tiefurt und Ettersburg ein breites kulturell-geselliges Leben, wenngleich die Bedeutung ihres standesübergreifenden «Musenhofes» wohl lange überschätzt wurde. Ein bleibendes Werk der Regentin ist der Ausbau des «Grünen Schlosses» zur heute nach ihr benannten Herzogin-Anna-Amalia-Bibliothek (1766). Der verheerende Brand jener zum UNESCO-Weltkulturerbe «Klassisches Weimar» zählenden Bibliothek mit dem berühmten dreigeschossigen Rokokosaal im Jahre 2004 hat den Sinn für deren Bedeutung auf schmerzliche Weise geschärft.

Die folgenden Jahrzehnte bezeichnet man auch als Goethezeit, die von der Ankunft Goethes in Weimar 1775 bis zu dessen Tod 1832 datiert. Sie fällt weitgehend mit der Regierungszeit Carl Augusts zusammen. Der junge Fürst zog den nur wenig älteren Autor der Sturm-und-Drang-Bestseller ‹Götz von Berlichingen› und ‹Die Leiden des jungen Werthers› aus Frankfurt an seine Residenz. Die persönliche Freundschaft sollte Goethe, schon von den Zeitgenossen als Deutschlands «Dichterfürst» verehrt, dauerhaft an Weimar binden. Dies ließ sich sein Schirmherr auch einiges kosten. So waren zwei der meistbesuchten Goethe-Erinnerungsorte in Weimar, das Gartenhaus im Ilmpark und das Wohnhaus am Frauenplan, Geschenke des Herzogs. Dieser ermöglichte seinem Freund ein finanziell sorgenfreies Leben und bezog ihn als Geheimen Rat in die Landespolitik mit ein. Goethes Freund Herder, einer der einflussreichsten Denker der Zeit, wurde 1776 als Hofprediger nach Weimar geholt und bis zu seinem Tode 1803 am Ort gehalten. Schiller schließlich, seit 1789 Professor für Geschichte in Jena, zog 1799 nach Weimar. Das Zusammenwirken der beiden «Dioskuren» Goethe und Schiller bis zum Tode des letzteren 1805 bildet den Kern der «Weimarer Klassik», eine der schöpferischsten Phasen der deutschen Literaturgeschichte. Welchen hohen Stellenwert das Fürstenhaus ihnen einräumte, zeigt die 1824 fertiggestellte Fürstengruft auf dem «Historischen Friedhof» in Weimar. Dort wurden neben den sterblichen Resten der Ernestiner auch die von Goethe und Schiller zur letzten Ruhe gebettet. Schillers Sarkophag wird heute allerdings leer belassen, seit eine Untersuchung 2008 erwiesen hat, dass die Gebeine nicht von ihm stammen.

Neben dem «Viergestirn» Goethe, Schiller, Herder und Wieland bereicherten zahlreiche Künstler und Wissenschaftler das Weimarer Kulturleben. Zu diesen Persönlichkeiten zählte auch Friedrich Justin Bertuch, wichtigster Verleger des klassischen Weimars. Seine Modezeitschrift ‹Journal des Luxus und der Moden› (1786–1827) gilt als eine der ersten Illustrierten. Die benachbarte Universität Jena stellte ein korrespondierendes Zentrum der kulturellen und wissenschaftlichen Blütezeit dar. Goethe, als Staatsminister für die Universität zuständig, sah «Jena und Weimar wie die zwei Enden einer großen Stadt», die in vielerlei Hinsicht aufeinander bezogen waren und sich befruchteten. Jena war ein früher Schwerpunkt der Philosophie des deutschen Idealismus, die stark auf das allgemeine Geistesleben der Zeit einwirkte. Hier lehrten die Philosophen Johann Gottlieb Fichte (1794–1799), Friedrich Wilhelm Schelling (1798–1803) und Georg Wilhelm Friedrich Hegel (1801–1807).

Die literarische Frühromantik fand in dem Jahrzehnt um die Jahrhundertwende mit dem Wirken eines Kreises junger Intellektueller um August Wilhelm und Friedrich Schlegel, Ludwig Tieck, Clemens Brentano, Novalis u. a. an der Saale ihren Höhepunkt. Aber auch die Naturwissenschaften nahmen an der großzügig geförderten Universität einen sichtbaren Aufschwung, die zu jener Zeit die am stärksten frequentierte des Reiches war.

Heute spricht man in Anknüpfung an Goethe von der «Doppelstadt» oder dem «Ereignis Weimar-Jena», bei dem es in den Jahrzehnten um 1800 zu einer einmaligen Verdichtung kultureller Leistungen kam. Die Schlagworte «Weimarer Klassik», «Jenaer Frühromantik» oder «Deutscher Idealismus» beschreiben dabei nur die wichtigsten Phänomene. Die aufgeklärte Monarchie Weimars ermöglichte den Dichtern und Denkern einen intensiven und freimütigen intellektuellen Austausch. Das «Ereignis Weimar-Jena», Gegenstand eines interdisziplinären Sonderforschungsbereiches an der Friedrich-Schiller-Universität Jena, gilt als ein Höhepunkt der Aufklärung, der der bürgerlichen Gesellschaft des 19. Jahrhunderts wesentliche Impulse verliehen hat. Seine Protagonisten, allen voran Goethe und Schiller, wurden zu Leitfiguren der sich entfaltenden Kulturnation. Das Bedürfnis nach einer Kulturmetropole im föderalen Deutschland hat man dabei in Weimar bewusst aufgegriffen. Mit ihrem maßgeblichen Beitrag zur Schaffung einer Nationalliteratur sah man die Weimarer Klassiker auch in gerader Linie zur Leistung Luthers auf der Wartburg und der Fruchtbringenden Gesellschaft stehen. Dies hat wesentlich mit dafür gesorgt, dass sich im kollektiven Gedächtnis die «Einheit einer frühneuzeitlichen Thüringer Kulturlandschaft» zwischen Reformation und Goethezeit verankern konnte (Georg Schmidt). Darüber hinaus kann man die Jahrzehnte um die Wende zum 19. Jahrhundert in Weimar und Jena als Kristallisationskern betrachten, an den sich die Leistungen von der Landgrafenzeit bis zum Bauhaus anlagern, die Thüringen als ein «Kernland deutscher Kultur» erscheinen lassen.

Beherrscht das «Goldene Zeitalter» in Sachsen-Weimar-Eisenach das Bild vom Kulturleben Thüringens in jener Epoche, gab es gleichwohl weitere Leistungen von Rang. Eng mit dem «Ereignis Weimar-Jena» verbunden war etwa das Wirken des letzten kurmainzischen Statthalters Karl Theodor von Dalberg in Erfurt (1772–1802). Dalberg, später Fürstprimas des Rheinbundes, zog die geistige Prominenz um Goethe und Schiller an seinen «Hof» in der Statthalterei am Hirschgarten, pflegte die Akademie gemeinnütziger Wissenschaften (1754), versuchte im Sinne der Aufklärung die Universität neu zu beleben, die Volksbildung zu fördern und der allgemeinen Wohlfahrt aufzuhelfen. Als eine mit Anna Amalia vergleichbare Vertreterin eines kulturell ambitionierten aufgeklärten Absolutismus gilt die Herzogin Luise Dorothea von Sachsen-Gotha-Altenburg (1732–1772), deren Werk ihr Sohn Ernst II. (1772–1804) fortsetzte. Gotha wurde ebenfalls zu einem Zentrum von Kultur und Wissenschaft, erhielt eine der bedeutendsten Sternwarten der Zeit und unterhielt seit 1775 das erste ständige Hoftheater in Deutschland unter Konrad Ekhof, dem «Vater der deutschen Schauspielkunst». Justus Perthes gründete 1785 jenen Verlag, der mit seinem Adels-Handbuch («Der Gotha») und v. a. als geografische Anstalt Weltruf erlangen sollte. Im nahen Schnepfenthal errichtete Christian Gotthilf Salzmann 1784 seine philanthropische Erziehungsanstalt, an der auch Turnpionier Johann Christoph Friedrich GutsMuths tätig war. Von hier zieht sich die Spur moderner reformpädagogischer Ansätze über Friedrich Fröbels ersten deutschen Kindergarten in Bad Blankenburg (1840) bis hin zum Jena-Plan Peter Petersens (1927).

VII. Kleinstaatenwelt zwischen Beharrung und Aufbruch in die Moderne (19. Jahrhundert)

Das «lange 19. Jahrhundert» zwischen Französischer Revolution 1789 und Erstem Weltkrieg 1914/18 war eine Zeit tief greifender Wandlungsprozesse. Deutschland beschritt den Weg in die bürgerliche, industriell-urbane Gesellschaft. Viele Zeitgenossen teilten dabei die Überzeugung, dass die in Thüringen weiter existierenden Kleinstaaten dem Fortschritt hinderlich seien. Historiker wie Heinrich von Treitschke haben das Bild der kleinstaatlichen «Unheilsmächte», die den Deutschen «den Weg zu staatlicher Größe erschwerten», nachhaltig geprägt. In der Erzählung vom deutschen Nationalstaat, wie er 1871 mit «Eisen und Blut» verwirklicht worden war, blieb Thüringen nur eine meist negative Statistenrolle. Dieses Urteil wurde von der jüngeren Geschichtsschreibung korrigiert, die in der thüringischen Geschichte wichtige Impulse für die Modernisierung Deutschlands herausgearbeitet hat.

1. Napoleonische Zeit

Die Französische Revolution seit 1789 beseitigte die absolute Monarchie der Bourbonen und leitete eine soziale und politische Umgestaltung von welthistorischer Bedeutung ein. Das wirtschaftlich erstarkte Bürgertum legte auf der Grundlage der Ideen von Aufklärung und Liberalismus den Grundstein für einen modernen Nationalstaat mit Verfassung, Rechtsstaatlichkeit und Marktwirtschaft. Die deutschen Länder blieben von den Grundgedanken der Französischen Revolution nicht unberührt, wenn es auch meist nicht zu einer vergleichbaren revolutionären Umwälzung kam. Geistesgrößen wie die Weimarer Dichter Goethe und Schiller begrüßten die Veränderungen in Frankreich zumindest bis zur Hinrichtung König Ludwigs XVI. und der·folgenden Schreckensherrschaft unter Robespierre 1793/94. Als der Feldherr Napoléon Bonaparte mit dem Staatsstreich 1799 die Revolution für beendet erklärte und sich 1804 zum Kaiser der Franzosen krönte, begrüßten ihn anfangs auch in Deutschland viele als Hoffnungsträger. Unter der französischen Fremdherrschaft bis 1813 wurde Napoleon jedoch zum erbitterten Feindbild und beschleunigte die Entstehung einer deutschen Nationalbewegung.

Die Revolutionskriege bzw. napoleonischen Kriege wirkten seit 1792 massiv auf die äußere und innere Ordnung Deutschlands ein. Die Truppen Frankreichs waren den Söldnerheeren Österreichs, Preußens und seiner Verbündeten überlegen und erlangten unter der Führung Napoleons geradezu den Nimbus der

Unbesiegbarkeit. Im Frieden von Lunéville 1801 musste das Reich das linke Rheinufer an Frankreich abtreten. Die betroffenen Fürsten wurden im Reichsdeputationshauptschluss 1803 durch die Säkularisation der geistlichen Fürsten und die Mediatisierung der kleineren Reichsstände und Reichsstädte entschädigt. Auf diesem Wege reduzierte sich die Zahl der reichsunmittelbaren Territorien von rund 300 auf gut 30. 1806 schlossen sich die meisten süd- und westdeutschen Länder unter Napoleons Protektorat im Rheinbund zusammen, kurz darauf wurde das tausendjährige Heilige Römische Reich deutscher Nation durch Kaiser Franz II. aufgelöst.

Die großen Umwälzungen erfassten auch Thüringen. Schon 1802 sicherte sich Preußen in einem Vertrag mit Frankreich große Gebiete und stieg damit zu einer beherrschenden Macht in der Region auf. Es erhielt die kurmainzischen Territorien mit Erfurt und dem Eichsfeld sowie die Reichsstädte Mühlhausen und Nordhausen. Acht Jahrhunderte mehr oder weniger enger Bindung an das Mainzer Erzstift fanden damit ein Ende. In Mühlhausen und Nordhausen endete eine mehr als fünfhundertjährige Geschichte als Reichsstadt. Am 21. August 1802 marschierten preußische Truppen in Erfurt ein und setzten damit den symbolischen Auftakt für knapp anderthalb Jahrhunderte preußisch-thüringischer Geschichte.

Allerdings blieb Preußen vorerst nicht viel Zeit, seine Position auszubauen. 1806 fand in Thüringen die Entscheidungsschlacht zwischen Frankreich und Preußen statt, das sich seit 1795 neutral verhalten hatte. Zunächst kam es zu siegreichen Vorgefechten in Ostthüringen bei Schleiz und Saalfeld, wo der preußische Prinz Louis Ferdinand fiel. Am 14. Oktober 1806 konnte Napoleon bei Jena und Auerstedt den preußischen und sächsischen Truppen unter dem Oberbefehl des Herzogs von Braunschweig, der in den Kämpfen fiel, eine vernichtende Niederlage beibringen. Dieser blutigen Schlacht, bei der ca. 35 000 Menschen ihr Leben verloren, kam große historische Bedeutung zu. Unter dem Motto «Ohne 1806 kein 1871» galt sie der preußisch-nationalen Geschichtsschreibung als das Ende des «alten Preußen», mit dem zugleich die innere Erneuerung der späteren Reichseinigungsmacht begann. Im Frieden von Tilsit 1807 hatte der preußische König aber zunächst einmal die Abtretung großer Gebiete hinzunehmen, darunter auch die thüringischen Besitzungen. Das Eichsfeld, Mühlhausen und Nordhausen kamen an das neue Königreich Westphalen unter Napoleons Bruder Jérôme, der gut befestigte Zentralort Erfurt im Herzen Deutschlands erhielt den Sonderstatus einer «Kaiserlichen Domäne» unter direkter Hoheit Napoleons.

Waren die thüringischen Kleinstaaten bisher ungeschoren durch die großen Veränderungen gekommen, schien nun besonders für das Herzogtum Sachsen-Weimar-Eisenach die letzte Stunde zu schlagen. Carl August erklärte nach der Jenaer Schlacht ohne große Hoffnung: «Herzog von Weimar und Eisenach wären wir einstweilen gewesen.» Er hatte als einziger thüringischer Fürst ein Bündnis mit Preußen abgeschlossen und selbst an der Schlacht teilgenommen. Letztlich dürfte es neben dem tapferen Auftreten der Herzogin Luise gegenüber Napoleon v. a. die enge verwandtschaftliche Beziehung zum russischen Zaren gewesen sein – Carl Augusts Schwiegertochter war die Zarenschwester Maria Pawlowna –, die Weimars Herzogshaus wie den übrigen Kleinstaaten um diese Klippe herum half. Andere Fürsten wie Herzog August von Sachsen-Gotha-Altenburg hatten schon zuvor auf die französische Karte gesetzt, was ihre Situation wesentlich erleichterte.

Die ernestinischen Herzogtümer traten Ende 1806 dem Rheinbund bei, 1807 folgten ihnen die schwarzburgischen und reußischen Fürstentümer. Damit endete die faktische Souveränität, die seit der Auflösung des Reiches am 6. August 1806 bestanden hatte. In jener kurzen Zwischenphase hatten die Kleinstaaten alternativ eine stärkere Anlehnung an Kursachsen bzw. Preußen oder einen thüringischen Staatenbund erwogen.

Zwei Jahre nach der Schlacht von Jena und Auerstedt erlebte Thüringen einen weiteren Höhepunkt der napoleonischen Zeit, den Erfurter Fürstenkongress. Als Napoleon im September und Oktober 1808 in seiner «kaiserlichen Domäne» 35 Monarchen einschließlich des Zaren Alexander I. von Russland um sich versammelte, befand er sich auf dem Zenit seiner Machtentfaltung.

Er hatte die entscheidenden Schlachten von Austerlitz gegen Österreich und Russland 1805, gegen Preußen 1806 und nochmals gegen Russland 1807 bei Tilsit gewonnen und die europäische Landkarte umgestaltet. Mit großer Pracht präsentierte er sich als Herr Europas, veranstaltete u. a. Aufführungen der Comédie-Française im heutigen «Kaisersaal». Am 2. Oktober kam es zum legendären Treffen des Kaisers mit Goethe in der ehemaligen kurmainzischen Statthalterei. Der Erfurter Fürstenkongress markiert jedoch auch einen Wendepunkt. Mit dem Aufstand in Spanien vom Sommer 1808 hatte Napoleons Nimbus einen ersten Kratzer bekommen. Zugleich verfehlte er sein Hauptziel, den Zaren zu einem festen Bündnis zu bewegen. So leitete der Russlandfeldzug 1812 die Entscheidung gegen Napoleon ein. Während der Befreiungskriege unterlag er den alliierten Truppen im Oktober 1813 in der Völkerschlacht bei Leipzig und musste im April 1814 abdanken. Nach der Verbannung auf Elba noch einmal zurückgekehrt, verbannte man Napoleon nach der Niederlage bei Waterloo im Juni 1815 nach St. Helena, wo er 1821 verstarb.

Thüringen gab die napoleonische Epoche wichtige Anstöße für die politisch-gesellschaftliche Erneuerung. Reformen sollten ähnlich wie in Preußen die gebeutelten Kleinstaaten wieder stärken. Auch wenn in keinem der Staaten der «Code Napoléon», das französische bürgerliche Gesetzbuch, in Kraft trat, ging doch die Entwicklung verstärkt in Richtung eines modernen Verfassungsstaates. In Sachsen-Weimar-Eisenach setzte Friedrich von Müller mit Unterstützung des Herzogs entsprechende Maßnahmen um und gab auch den Städten neue Verfassungen. Die Judenemanzipation und die Gewerbefreiheit machten ebenso Fortschritte wie die öffentliche Meinungsbildung durch Zeitungen und Zeitschriften. Das Verhalten der Thüringer, sowohl der gesellschaftlichen Eliten wie der breiten Bevölkerung, gegenüber den französischen «Protektoren» bewegte sich dabei von Anpassung und offener Kollaboration bis hin zu Ablehnung und Widerstand. Dies lag auch an den unterschiedlichen Erfahrungen im Alltag. So ging es den unteren Gesellschaftsschichten, den Gastwirten oder der Handwerkerschaft beispielsweise, im

französisch besetzten Erfurt nicht schlecht, während die wohlhabenden Bürger und die Kommune zunehmend verarmten. Das
später von der nationalen Geschichtsschreibung gezeichnete
finstere Bild der «Franzosenzeit» bedarf also einer Differenzierung.

Dennoch blieb die napoleonische Zeit v. a. als französische
Fremdherrschaft in Erinnerung. Schon die erste Berührung mit
den Franzosen rund um die Schlacht von Jena und Auerstedt
1806 hatte Elend und Tod ins Land getragen. Beinahe wäre dabei neben vielen anderen Zivilisten der Dichterfürst Goethe ma-
rodierenden französischen Soldaten in Weimar zum Opfer gefallen. Es folgten Jahre, in denen ständig Armeen durch das Land
zogen, die für die Bevölkerung drückende Einquartierungen und
Abgabenlasten mit sich brachten. Die Kleinstaaten hatten im
Rahmen des Rheinbundes für Napoleons Armeen Tausende Soldaten zu stellen, von denen die Mehrzahl ihre thüringische Heimat nie wieder sahen. Am härtesten traf es Erfurt, das direkt unter französischer Besatzung litt. Anfang 1813 kam es sogar zu
einer Erhebung gegen die Einziehung von Rekruten, worauf
man zwei Bürger als «Rädelsführer» zum Tode verurteilte. Nach
der Leipziger Völkerschlacht im Oktober 1813 wurde die Stadt
während einer monatelangen Belagerung von Artilleriebeschuss
und Hungersnot heimgesucht. In Erfurt endete die «Franzosenzeit» erst mit dem Abzug der letzten Truppen von der Zitadelle
Petersberg am 7. Mai 1814.

Die thüringischen Kleinstaaten traten nach langem Zögern im
November 1813 dem antinapoleonischen Bündnis bei und be-
teiligten sich nun an den Kämpfen der Allianz. Damit konnten
sie gerade noch rechtzeitig ihren Fortbestand sichern, der schon
durch eine «Zentralverwaltung der Alliierten», wie sie der preußische Reformer Freiherr vom und zum Stein für Thüringen
ebenso wie für das Königreich Sachsen geplant hatte, infrage
gestellt worden war. Sowohl aus den Kleinstaaten als auch aus
dem bald wieder preußischen Thüringen meldeten sich zahlreiche Freiwillige für den Krieg gegen Napoleon. Hierfür steht das
bekannte Bild vom «Auszug der Jenenser Studenten in den Frei-
heitskrieg 1813» von Ferdinand Hodler in der Aula der Univer-

sität Jena (1908). Auch die Person Napoleons wandelte sich vor diesem Hintergrund in der zeitgenössischen Wahrnehmung, besonders im 1799 anschwellenden «Nachrichtenstrom» der Zeitungen und Zeitschriften (Werner Greiling), vom «erhabenen Protektor» zum «blutdürstigen Tyrannen». Das breite Spektrum der Meinungen verengte sich mit dem sinkenden Stern des «großen Korsen» und mündete schließlich in das dominierende Bild eines verhassten Fremdherrschers. Als «Pestbeule am Leib der Menschheit» titulierten ihn 1814 die Altenburger ‹Deutschen Blätter› von Friedrich Arnold Brockhaus, dem späteren Begründer des renommierten Verlagshauses F. A. Brockhaus in Leipzig.

2. Vom Vormärz zur Reichsgründung

Das Ende der napoleonischen Zeit brachte nicht das von vielen Teilnehmern der Befreiungskriege und Vertretern der liberalen Nationalbewegung erhoffte einige deutsche Vaterland. Stattdessen trat 1815 auf dem Wiener Kongress der Deutsche Bund ins Leben, ein relativ loser Staatenbund aus 35 Monarchien und vier freien Städten. Die Großmächte Preußen und Österreich, die jeweils nur mit einem Teil ihres Gebietes dem Bund angehörten, konkurrierten wie schon im Alten Reich um die Vorherrschaft. Dies führte zu einem zunehmend spannungsgeladenen preußisch-österreichischen Dualismus. Die einschneidenden Veränderungen im übrigen Deutschland seit 1803, die teilweise schon auf die föderale Länderstruktur der heutigen Bundesrepublik vorauswiesen, wurden 1815 größtenteils bestätigt. So grenzte Thüringen fortan im Süden an das Königreich Bayern (seit 1806), das seinen Gebietsstand und seine Einwohnerzahl gegenüber dem «Altbayern» vor 1803 fast verdoppeln konnte. Damit verschwand die Thüringen vergleichbare Kleinstaatenwelt des fränkischen Raumes mit den Bistümern Würzburg und Bamberg, den Markgrafschaften Ansbach und Bayreuth, den Reichsstädten Nürnberg, Schweinfurt, Rothenburg u. a. von der Landkarte.

Der östliche Nachbar, das Königreich Sachsen (seit 1806), gehörte zu den Verlierern des Wiener Kongresses und musste insbesondere zugunsten Preußens fast eine Halbierung seines Territoriums hinnehmen. Dazu gehörten auch die vormals kursächsischen Ländereien in Thüringen, womit die jahrhundertelange territorial-herrschaftliche Verzahnung beider Regionen ein Ende nahm. Im Westen grenzte das um die vormalige Reichsabtei Fulda vergrößerte Kurfürstentum Hessen, die einstige Landgrafschaft Hessen-Kassel, an Thüringen, wo es mit der Herrschaft Schmalkalden präsent blieb.

In Thüringen selbst kam es mit der Bildung des Deutschen Bundes nur zu geringfügigen Veränderungen, ohne die kleinstaatliche Zersplitterung aufzuheben. Die wettinischen, schwarzburgischen und reußischen Kleinstaaten konnten sich über alle Flurbereinigungen zwischen Französischer Revolution und Wiener Kongress hinüberretten, was nunmehr eine ausgesprochene Besonderheit in der deutschen Staatenwelt darstellte. Auch die von seiner Haltung in der napoleonischen Zeit genährten Ambitionen des Weimarer Herzogs Carl August auf größere Machtgewinne und sogar auf die sächsische Königskrone seiner albertinischen Verwandten in Dresden wurden auf dem Wiener Kongress nicht erfüllt. Immerhin wurde er zum Großherzog erhoben und konnte erhebliche Gebietserweiterungen erreichen, wie den ehemals kursächsischen Neustädter Kreis, die kurmainzische Herrschaft Blankenhain, fuldaisches Gebiet um Dermbach und Geisa sowie kurhessisches Gebiet um Vacha und Frauensee. Damit stieg das Großherzogtum Sachsen-Weimar-Eisenach über seine große kulturelle Bedeutung hinaus zum klar dominierenden Kleinstaat in Thüringen auf.

In der Kleinstaatenwelt kam es im weiteren Verlauf zu Veränderungen, die nach wie vor dynastischen Zufällen geschuldet waren. Eine letzte große Umstrukturierung der ernestinischen Lande 1826, ausgelöst durch das Aussterben des Hauses Sachsen-Gotha-Altenburg, betraf auch die auf die gothaische Linie zurückgehenden Häuser Sachsen-Meiningen, Sachsen-Coburg-Saalfeld und Sachsen-Hildburghausen. Gotha wurde mit Coburg zusammengefügt, das seinen Saalfelder Landesteil an Meiningen abtrat. Hildburghausen, dessen Herzog nach Altenburg umzog, kam ebenfalls zu Meiningen. Bis 1918 bestanden so ne-

ben dem Großherzogtum Sachsen-Weimar-Eisenach die Herzogtümer Sachsen-Coburg und Gotha, Sachsen-Meiningen und Sachsen-Altenburg. Obwohl die ernestinischen Kleinstaaten kaum
politisches Gewicht besaßen, knüpfte besonders das Haus Coburg und Gotha ein einmalig dichtes Netz europaweiter dynasti-
scher Verbindungen. So wurde 1831 Prinz Leopold erster König
der Belgier, 1840 heiratete Prinz Albert die britische Königin
Viktoria – bis heute stellen ihre Nachkommen das belgische und
englische Königshaus. Vom portugiesischen König bis zum bul-
garischen Zaren erlangten Gotha-Coburger hochadelige Spit-
zenstellungen, waren mit fast allen großen Fürstenhäusern ver-
wandt.

In Ostthüringen starb 1824 das Haus Reuß-Lobenstein aus
und wurde mit Ebersdorf vereinigt. 1848 dankte dessen Fürst
zugunsten von Reuß-Schleiz ab, sodass die jüngere Linie wieder
in einer Hand vereint war. Bis 1918 bestanden so die Fürstentümer Reuß j. L. (Gera) und Reuß ä. L. (Greiz). Bei den Fürsten-
tümern Schwarzburg-Rudolstadt und Schwarzburg-Sondershausen gab es keine nachhaltigen Veränderungen.

Der Großteil der übrigen Gebiete Thüringens ging 1815 endgültig im Königreich Preußen auf, einem der großen Gewinner
auf dem Wiener Kongress. Thüringen war nunmehr zweigeteilt
in einen kleinstaatlichen und einen preußischen Bereich. Der
letztere kam zur 1815 neu gebildeten Provinz Sachsen mit der
Hauptstadt Magdeburg. Sie umfasste mit Ausnahme des Herzogtums Anhalt (Dessau) im Wesentlichen das heutige Sachsen-
Anhalt mit den Regierungsbezirken Magdeburg und Merseburg
sowie den Regierungsbezirk Erfurt. Dieser erstreckte sich vom
Eichsfeld und Nordhausen über Mühlhausen, das vormals kursächsische Langensalza und Weißensee bis zum Regierungssitz
Erfurt. Hinzu kamen ehemals kursächsische Exklaven um Suhl,
Schleusingen und Ziegenrück. Bereits seit 1648 hatte die Graf-
schaft Hohnstein westlich von Nordhausen zu Brandenburg
bzw. Preußen gehört. Zum preußischen Thüringen zählten nach
zeitgenössischem Verständnis aber auch Teile des Regierungsbe-
zirkes Merseburg (Sangerhausen, Eckartsberga, Querfurt, Weißenfels, Naumburg und Zeitz). Der Regierungsbezirk Erfurt be-

saß für Preußen an seiner Südflanke eine große strategische Bedeutung. Die gewaltige Festung Erfurt mit den Zitadellen Petersberg und Cyriaksburg wurde ausgebaut, und große Garnisonen wurden angelegt. Als «Spinne im Kleinstaatennetz» (Hans-Werner Hahn) nahm Preußen fortan starken Einfluss auf die politische und wirtschaftliche Entwicklung in der Region.

Trotz der kleinstaatlichen Zersplitterung, die schon von vielen Zeitgenossen als Anachronismus und Hindernis für den Fortschritt angesehen wurde, bezog der deutsche Weg in die Moderne des 19. Jahrhunderts wichtige Impulse aus Thüringen. Der liberale Verfassungsstaat und die Nationalbewegung fanden hier ein günstiges Klima. So bildete Sachsen-Weimar-Eisenachs «Grundgesetz» aus dem Jahre 1816 die erste moderne Verfassung im Deutschen Bund. Obwohl noch mit landständischen Elementen versehen, sicherte es dem in Rittergutsbesitzer, Bürger und Bauern aufgeteilten Landtag die Teilhabe an der Gesetzgebung und das Steuerbewilligungsrecht zu, außerdem garantierte es Pressefreiheit und Gleichheit vor dem Gesetz. Mit den Verfassungen in Schwarzburg-Rudolstadt (1816), Sachsen-Hildburghausen (1818), Sachsen-Coburg-Saalfeld (1821) und Sachsen-Meiningen (1824) setzten weitere thüringische Kleinstaaten Akzente in der Phase des Frühkonstitutionalismus. Hinter der als vorbildlich eingestuften Weimarer Verfassung stand Ernst Christian August von Gersdorff. Mit Unterstützung von Großherzog Carl August leitete der für liberale Ideen aufgeschlossene Staatsminister zugleich Reformen ein, die den Übergang von der altständischen hin zur modernen bürgerlichen Gesellschaft voranbrachten. Regierung und Staatsorganisation erhielten neue Formen, hemmende Elemente im Wirtschaftsleben wie die Zunftordnungen wurden reformiert, feudale Strukturen der Landwirtschaft wie Dienst- und Gesindezwang abgelöst. Gleichwohl zeigen die bis ins frühe 20. Jahrhundert hinein viel diskutierten fürstlichen Vorrechte wie steuerfreier Grundbesitz (Dömanen) oder Jagdprivilegien auch die Grenzen der Reformbereitschaft gerade auf dem Lande.

Eine zentrale Forderung, die zunächst v. a. gelehrte Kreise des Bürgertums, bald aber immer größere Teile der Bevölkerung stellen sollten, war die nach einem einigen deutschen Vaterland. Der Deutsche Bund mit seinen weitgehend unabhängigen Mitgliedern, nur zusammengehalten von der Gesandtenvertretung des Bundestages in Frankfurt, entsprach keineswegs diesem Idealbild. Die liberale Nationalbewegung verstand den Nationalstaat als äußere Form, in der ihre Vorstellungen eines modernen Verfassungs- und Rechtsstaates verwirklich werden sollten. August Heinrich Hoffmann von Fallersleben hat dies 1841 in seinem «Lied der Deutschen» mit der Forderung nach «Einigkeit und Recht und Freiheit» klar formuliert. Die Ansichten über das künftige Deutschland waren dabei keineswegs einheitlich. Die «nationale Frage» konnte durch Preußen auf «kleindeutschem» Wege oder unter Einschluss Österreichs auf «großdeutschem» Wege gelöst werden. Ob man sich eine Monarchie oder eine Republik wünschte, hing vom jeweiligen politischen Standpunkt ab. Am ehesten mehrheitsfähig schien ein von romantischen Geschichtsbildern begünstigtes Anknüpfen an das 1806 untergegangene Kaiserreich in Form einer konstitutionellen Monarchie, wie sich 1848/49 zeigen sollte.

Schon während der napoleonischen Fremdherrschaft hatte Thüringen zu den Zentren der antifranzösischen Nationalbewegung gehört. An der Universität Jena verbreiteten u. a. die Professoren Heinrich Luden, Dietrich Georg Kieser, Lorenz Oken und Jakob Friedrich Fries nationales Gedankengut. So gab Jena frühe Anstöße für die Nationalbewegung. Als Ausgangspunkt der Burschenschaftsbewegung gilt die Jenaer «Urburschenschaft» von 1815, die bewusst die herkömmliche Gliederung in Landsmannschaften vermied. Als ihre Farben wählte sie die Uniformfarben des Lützow'schen Freikorps Schwarz-Rot-Gold, als Motto «Ehre, Freiheit, Vaterland». Die Jenaer Burschenschaft gab auch die Anregung für das Wartburgfest im Oktober 1817, auf dem 500 Studenten aus allen Teilen des Bundes ein einiges Deutschland und bürgerliche Freiheitsrechte forderten – ein Signalereignis von großer Tragweite. 1818 folgte die Gründung des nationalen Dachverbandes der «Allgemeinen Deutschen Burschenschaft» in Jena. Die Ermordung des als reaktionär geltenden Schriftstellers August von Kotzebue, dessen Schriften man

auf dem Wartburgfest verbrannt hatte, durch den Jenaer Bur-
schenschafter Karl Ludwig Sand 1819 leitete freilich auch die
verschärfte Verfolgung der demokratisch-liberalen und nationalen Bewegung ein. Hierfür stehen die vom österreichischen
Staatskanzler Clemens Fürst Metternich initiierten «Karlsbader
Beschlüsse» des Deutschen Bundes 1819. Dem Druck Österreichs und Preußens, die bis 1848 nicht einmal eine Verfassung
erließen, mussten sich auch liberale Kleinstaaten wie Sachsen-
Weimar-Eisenach beugen.

Nach der Pariser Julirevolution 1830 bekam die liberale Nationalbewegung wieder Aufwind, was beim Hambacher Fest
1832 deutlich wurde. Sie hatte ihren Höhepunkt in der Revolution von 1848/49. Im März 1848 sahen sich auch die thüringischen Fürsten mit den «Märzforderungen» nach Presse- und
Versammlungsfreiheit bis hin zur Ablösung feudaler Relikte
konfrontiert. In Gotha und den beiden Reuß forderte man zudem endlich Landesverfassungen. Die meisten Fürsten machten
entsprechende Zugeständnisse, in Weimar wurde unter Großherzog Carl Friedrich (1828–1853) sogar der Führer der liberalen
Landtagsopposition, Oskar von Wydenbrugk, ins Staatsministe-
rium berufen. Bürgerwehren, Petitionen, Versammlungen und
eine aufblühende Presselandschaft sowie erstmals überwiegend
frei gewählte Landtage beförderten die Politisierung der Bevölkerung. Die liberale Mehrheit des Bürgertums strebte dabei einen
Kompromiss mit den Monarchen an. Es gewannen aber auch
Vertreter der demokratisch-republikanischen Richtung an Einfluss, wie Goswin Krackrügge und Hermann Alexander Berlepsch in Erfurt, Daniel Douai in Altenburg, Friedrich Karl Hön-
niger in Rudolstadt oder Feodor Streit in Coburg. Im Sommer
und Herbst 1848 spitzte sich die Lage zu, es kam zu Aufruhr in
zahlreichen Kleinstaaten und sogar zu einem bewaffneten Aufstand in Altenburg. Im Oktober «befriedete» eine Reichsexeku-
tion durch sächsische Truppen diese Gebiete. Ein Aufstand der
Bürgerschaft in Erfurt am 24. November 1848 wurde von preußischen Truppen blutig niedergeschlagen, die auch die Städte
Mühlhausen, Nordhausen und Langensalza besetzten.

In der seit dem 18. Mai 1848 tagenden Frankfurter Nationalversammlung sollte die Verfassung des künftigen deutschen Nationalstaates ausgearbeitet werden. Zu den profilierten Abgeordneten aus Thüringen zählten u. a. Bernhard August von Lindenau aus Altenburg und Moritz Briegleb aus Coburg. In der Frankfurter Paulskirche wurde auch heftig über die Kleinstaaten diskutiert. Nicht wenige Liberale und Demokraten sprachen ihnen die Existenzberechtigung ab und bedachten die Kleinstaaterei mit beißendem Spott, wenngleich zumindest deren kulturelle Verdienste besonders mit Blick auf Weimar durchaus gewürdigt wurden. Vor diesem Hintergrund wurde erstmals in der breiten Öffentlichkeit über eine Vereinigung Thüringens debattiert. Der Erfurter Demokrat Berlepsch organisierte im Sommer 1848 fünf «Thüringer Volkstage». Auf diesen großen Volksversammlungen in Bad Berka, Ohrdruf, Arnstadt, Erfurt und Großbreitenbach forderte er die «Erschaffung der Einheit und Brüderlichkeit im biederen Thüringer Volke» als Teil der Vereinigung des deutschen Vaterlandes. Das verstärkte Bewusstsein einer historischen Einheit fand seinen zeitgemäßen Ausdruck u. a. in der Gründung des Vereins für Thüringische Geschichte und Altertumskunde in Jena (1852). Diese Vereinsgründung markiert den Beginn einer wissenschaftlichen Landesgeschichtsforschung. Autoren wie der populäre Meininger Märchen- und Sagensammler Ludwig Bechstein trugen ebenfalls zur «Wiederentdeckung» der thüringischen Vergangenheit bei.

Auch aufseiten der Kleinstaaten erwog man neben dem Anschluss an eines der benachbarten Länder Preußen, Sachsen oder Bayern einen Zusammenschluss, der vom eher losen Staatenverein bis hin zum Königreich Thüringen reichen konnte. Besonders Sachsen-Weimar-Eisenach trieb die Vereinigungspläne mit dem Ziel voran, dabei eine dominierende Stellung einzunehmen. Die Entscheidung der Nationalversammlung vom Dezember 1848, auf die Mediatisierung der kleineren Staaten zu verzichten, setzen diesem ersten Anlauf zu einer Einigung Thüringens ein rasches Ende. Es hatte sich zudem noch eine verbreitete Anhänglichkeit an die Dynastien gezeigt, sowohl auf dem Lande als auch in den stark vom jeweiligen Fürstenhof geprägten Residenzstädten. Für viele Thüringer schienen sich deutsches Nationalgefühl und Landespatriotismus keineswegs auszuschließen. Zugleich hatten die Kleinstaaten durchaus auch im national-liberalen Lager ihre Fürsprecher wie die bekannten Historiker Georg Gottfried Gervinus und Jacob Burkhardt, wenngleich die kritische Sicht eines Heinrich von Treitschke lange dominierend blieb.

Die Revolution fand mit der Ablehnung der Reichsverfassung und der ihm zugedachten Kaiserkrone durch den preußischen König Friedrich Wilhelm IV. 1849 ein erfolgloses Ende. Thüringen gehörte jetzt zu jenen Regionen, in denen sich die gemäßigten Liberalen, teils in Übereinstimmung mit den Landesregierungen, weiterhin um eine preußisch-kleindeutsche Lösung bemühten. Im Juni 1849 trafen sich mit diesem Ziel liberale Politiker aus ganz Deutschland zum «Gothaer Nachparlament». Mit dem Erfurter Unionsparlament vom März/April 1850 verbanden sich noch einmal Hoffnungen auf einen Nationalstaat. Auch nach dem Scheitern dieser Pläne und der sich anschließenden «Reaktionsperiode» boten Fürsten wie Herzog Ernst II. von Sachsen-Coburg und Gotha (1844–1893) und Großherzog Carl Alexander von Sachsen-Weimar-Eisenach (1853–1901) der liberalen Nationalbewegung eine Heimstatt. Das Turner-, Schützen- und Sängerwesen konnte sich breit entfalten, andernorts verfolgte Politiker oder Künstler fanden Unterschlupf. So lebte seit 1851 der in Preußen steckbrieflich gesuchte Schriftsteller Gustav Freytag unter freundschaftlicher Protektion Ernsts II. in Siebleben bei Gotha. Der von Liberalen und gemäßigten Demokraten 1859 gegründete Deutsche Nationalverein war in Eisenach vorbereitet worden und nahm seinen Sitz in Coburg. 1860 fand in Coburg das Erste Deutsche Turn- und Jugendfest statt, 1861 in Gotha das erste Deutsche Schützenfest. Dort wurde der Deutsche Schützenbund sowie 1862 in Coburg der Deutsche Sängerbund gegründet. Sachsen-Coburg und Gotha bildete in jenen Jahren unter der Herrschaft der schillernden Persönlichkeit Ernsts II. nicht nur ein wichtiges Zentrum der liberalen Nationalbewegung, sondern wandelte sich auch zu einer vorbildhaften, stark an Großbritannien orientierten konstitutionell-parlamentarischen Monarchie.

Die liberalen Kräfte in Thüringen, unterstützt von führenden Landespolitikern und Monarchen, boten ähnlich wie die süddeutschen Staaten Alternativen zu der Vorstellung, dass nach der gescheiterten Revolution von 1848/49 nur noch die militärische Stärke einer konservativen Großmacht wie Preußen die Einheit Deutschlands herstellen könne. In Thüringen konnte sich «die Herdflamme des geistigen Lebens unserer Nation in freier Luft erhalten», wie der 1851–1859 in Jena lehrende Historiker Gustav Droysen vermerkte. Wurde dies von der national-borussischen Geschichtsschreibung lange ignoriert, so würdigt man heute, dass die thüringischen Kleinstaaten «nicht nur die Einheitsbestrebungen in Deutschland bejahten, sondern vor allem auch jenen Kräften von Anfang an einen vergleichsweise großen Raum gaben, für die Einheits- und Freiheitsforderungen nicht zu trennen waren» (Hans-Werner Hahn). Hier deuten sich alternative historische Entwicklungsmöglichkeiten zum viel diskutierten «deutschen Sonderweg» an, der in den Nationalstaat mit seinen konservativen, antidemokratischen und militaristischen Zügen führte.

Letztlich war es aber nicht die liberale Nationalbewegung, die die Gründung eines deutschen Nationalstaates herbeiführte, sondern die Politik von «Eisen und Blut» des 1862 zum preußischen Ministerpräsidenten ernannten konservativen Junkers Otto von Bismarck. Nachdem er sich in Preußen mit der liberalen Landtagsmehrheit im «Verfassungskonflikt» überworfen hatte und auch in Thüringen von vielen als «Erzreaktionär» eingestuft worden war, konnte er die Stimmung durch die «Reichseinigungskriege» wenden. 1864 siegte Preußen gemeinsam mit Österreich über Dänemark, das das durch Personalunion verbundene Schleswig gänzlich in seinen Staatsverband hatte aufnehmen wollen. 1866 fiel die Entscheidung im preußisch-österreichischen Dualismus durch den Sieg Preußens. Der Deutsche Bund wurde aufgelöst, und 1867 erfolgte die Gründung des Norddeutschen Bundes unter Führung Preußens. Mit dem siegreichen Deutsch-Französischen Krieg 1870/71 entstand das Deutsche Kaiserreich mit dem preußischen König als Kaiser Wilhelm I. und Bismarck als Reichskanzler an der Spitze.

Thüringen wurde von den «Reichseinigungskriegen», insbesondere dem Deutschen bzw. Preußisch-Österreichischen Krieg 1866, massiv erfasst. So fand hier am 27. Juni 1866 bei Langensalza eine der wichtigsten Schlachten statt, in der preußische und gotha-coburgische Verbände die Armee des Königreiches Hannover besiegen konnten. Wie in allen deutschen Staaten mussten sich auch die thüringischen Fürsten für eine der beiden Großmächte entscheiden. Sachsen-Coburg und Gotha, Sachsen-Altenburg und Schwarzburg-Sondershausen waren von Beginn an mit Preußen verbündet. Nach der Entscheidungsschlacht bei Königgrätz am 3. Juli 1866 vollzogen auch die bisher neutralen Staaten Sachsen-Weimar-Eisenach, Schwarzburg-Rudolstadt und Reuß j. L. den Schritt an die Seite des Siegers. Ihre Parteinahme für Österreich hätten dagegen Sachsen-Meiningen und Reuß ä. L. fast mit ihrer Existenz bezahlt. Nur der Intervention anderer Fürsten beim preußischen König verdankten sie ihren Fortbestand, der auf Druck Bismarcks jedoch unter harten Auflagen garantiert wurde. Herzog Bernhard in Meiningen und Regentin Caroline in Greiz mussten zugunsten ihrer Söhne Georg und Heinrich zurücktreten. Reuß wurde eine Strafzahlung von 200 000 Talern auferlegt. Dennoch kamen die thüringischen Kleinstaaten auf diesem Wege wie schon in der napoleonischen Zeit über eine weitere einschneidende Flurbereinigung hinweg, der 1866 durch preußische Annektion neben Schleswig-Holstein die souveränen Staaten Königreich Hannover, Herzogtum Nassau, Kurfürstentum Hessen-Kassel und die Freie Stadt Frankfurt zum Opfer fielen. Dabei wechselte die über Jahrhunderte hessische Herrschaft Schmalkalden an die preußische Provinz Hessen-Nassau.

3. «Zaunkönige» im Kaiserreich

Die Gründung des Deutschen Kaiserreiches 1871 änderte nichts an der thüringischen Kleinstaatenwelt. Der neue föderale Nationalstaat vereinte 22 Monarchien, drei Hansestädte und das Reichsland Elsass-Lothringen, wobei sich in Thüringen nunmehr fast ein Drittel aller souveränen Fürsten drängte. Einzige

Veränderung bis zum Ende des Kaiserreiches sollte das Aussterben der Herrscherhäuser von Reuß ä. L. (1902) und Schwarzburg-Sondershausen (1909) bleiben, die jedoch als selbstständige Fürstentümer in Personalunion unter den Fürsten von Reuß j. L. und Schwarzburg-Rudolstadt weiterbestanden. Zeichnete sich das neue Reich grundsätzlich durch ein Ungleichgewicht zwischen den Bundesmitgliedern aus, so verkörperte dies Thüringen in besonderer Weise. Dominierender Staat war das Königreich Preußen mit 350 000 km² Fläche und 35 Mio. Einwohnern (um 1900), schon mit deutlichem Abstand gefolgt vom Königreich Bayern (75 000 km², 6 Mio. Einwohner) und dem Königreich Sachsen (15 000 km², 4 Mio. Einwohner). Die von den drei Königreichen umgebenen thüringischen Staaten fanden sich dagegen zusammen mit den Hansestädten Hamburg, Bremen und Lübeck sowie den übrigen Kleinstaaten (Herzogtum Anhalt, Fürstentümer Waldeck, Lippe und Schaumburg-Lippe) am Ende der Skala. Größter war mit 3600 km² und 340 000 Einwohnern das Großherzogtum Sachsen-Weimar-Eisenach, kleinster das Fürstentum Reuß ä. L. mit 316 km² und 67 000 Einwohnern. Auf ein Wort Bismarcks zurückgehend bezeichnete man die Kleinstaatenherrscher spöttisch als «Zaunkönige» im Kaiserreich.

Die deutsche Hegemonialmacht Preußen gewann auch in Thüringen eine immer stärkere Stellung. Mit 3500 km² bildete der Regierungsbezirk Erfurt nach Sachsen-Weimar-Eisenach die zweitgrößte politisch-administrative Einheit, verfügte aber mit 450 000 über die meisten Einwohner einschließlich der einzigen Großstadt Erfurt (1906). Von Preußen gingen wichtige ökonomische Impulse aus, es übernahm das thüringische Eisenbahnnetz, trieb die Modernisierung von Recht, Verwaltung und Bildung voran und besaß in fast allen Kleinstaaten Garnisonen. Trotz der teilweisen politischen Rückschrittlichkeit Preußens führte dies zusammen mit dem Nimbus der Reichseinigungsmacht zur Entstehung eines preußischen Landespatriotismus in den entsprechenden Gebieten. Auch die meisten der Kleinstaaten ergaben sich mehr oder weniger willig in die Abhängigkeit von Preußen, garantierte ihnen das preußisch dominierte Reich

doch ihre Existenz und ließ im Rahmen des Föderalismus innen-
politische Spielräume. Nur Sachsen-Meiningen und besonders
extrem Reuß ä. L. nahmen etwa im Bundesrat, der Vertretung
der Einzelstaaten im Reich, eine preußenfeindliche Position ein.

Mit der Gründung des Kaiserreiches kam auch die Mitte des
19. Jahrhunderts einsetzende Industrialisierung endgültig zum
Durchbruch. Schon zuvor hatte Thüringen, seit 1847 mit der
Strecke Apolda–Weimar–Erfurt–Gotha–Eisenach an das ent-
stehende deutsche Eisenbahnnetz angeschlossen, an der frühen
Industrialisierung teilgehabt und ihr gewisse Impulse verliehen.
So gilt das Wirken des Gothaer Unternehmers Ernst Wilhelm
Arnoldi, Gründer der ersten Lebensversicherungsbank (1827),
im Bereich des Versicherungswesens als wegweisend. 1818 hatte
er bereits die erste kaufmännische Handelsschule eröffnet. Carl
Joseph Meyer versuchte in Südthüringen eine Montanindustrie
für das aufstrebende Eisenbahnwesen aufzubauen, was allerdings misslang. Sehr erfolgreich war hingegen sein 1828–1874
in Hildburghausen ansässiges Bibliographisches Institut, das seit
1839 ‹Meyers Lexikon› herausgab. Weiteren Verlags- und Buch-
projekten war ähnlicher Erfolg beschert. Der Gothaer Perthes
Verlag erlebte dank des Geografen August Heinrich Petermann
von 1854 bis 1878 eine Blütezeit als Zentrum der internationalen geografischen Forschung. Alfred Brehm aus Renthendorf
bei Neustadt/Orla prägte mit seinem seit 1863 erscheinenden
‹Brehms Tierleben› die populäre Zoologie. Mancher aus Thüringen stammende Pionier des Industriezeitalters machte andernorts sein Glück, wie der in Mühlhausen gebürtige Brückeninge-
nieur Johann August Röbling, Erbauer der Brooklyn Bridge in
New York (1865/83).

Beginnend mit der Textilindustrie hielt in den 1840er-Jahren
die Dampfmaschine Einzug, was neben dem Eisenbahnbau die
frühe Industrialisierung beschleunigte. Es zeichnete sich bereits
in dieser Zeit, auch bedingt durch das Fehlen von größeren Bo-
denschatzvorkommen, eine eher auf Leichtindustrie und Ver-
arbeitung ausgerichtete Industriestruktur mit einem breiten
Spektrum der Zweige und Standorte ab. Bestimmte Regionen,
wie Teile des Thüringer Waldes oder das Eichsfeld, wurden von

der Industrialisierung nicht erfasst und entwickelten sich durch den Niedergang traditioneller Erwerbszweige (Olitätenherstellung, Weberei) langfristig zu Armutsregionen mit hoher Auswandererquote. Anderen Branchen wie der Glas- und Spielwarenherstellung in Südthüringen gelang dagegen der Schritt in die Moderne. Mit der Gründung des Thüringischen Zollvereins 1833, der dem preußisch dominierten Deutschen Zollverein (1834) beitrat, überwand das von zahllosen Grenzen durchzogene Thüringen ein wichtiges wirtschaftliches Hemmnis. Zugleich beförderte dies die Integration der thüringischen Staaten untereinander und deren weitere Hinwendung zu einem preußisch-kleindeutschen Wirtschaftsraum lange vor dem staatlichen Zusammenschluss 1871.

Deutschland wandelte sich nach der Reichsgründung von einem mehrheitlichen Agrarland zu einer modernen industriell-urbanen Massengesellschaft. Zwischen 1871 und 1914 stieg die Bevölkerungszahl von 41 auf 65 Mio., der Anteil der städtischen Bevölkerung von einem Drittel auf zwei Drittel. Deutschland gehörte jetzt zu den führenden Industrienationen der Welt. Auch in Thüringen, wo die Einwohnerzahl von 1,5 auf 2,3 Mio. anstieg, zeigte sich dies besonders im Anwachsen der Städte. Schlaglichtartig deutlich wird dies an der rapiden Entwicklung Erfurts zur modernen Industriegroßstadt. 1840 mit 25 000 Einwohnern noch mittelstädtisch geprägt, verdoppelte sich nach der Aufhebung der Festungsfunktion 1873 die Einwohnerzahl von 48 000 (1875) auf 100 000 (1906). Die Stadt dehnte sich unter sozialer Differenzierung in alle Richtungen aus; die Infrastruktur wurde mit Ringstraßen, Straßenbahn, Kanalisation, Elektrifizierung, Krankenhaus usw. durchgreifend modernisiert. Erfurt ragte damit in Thüringen aus einer weite Teile des Deutschen Reiches erfassenden Urbanisierung heraus. Aus beschaulichen kleinstaatlichen Residenz- und Provinzstädtchen wurden Industriestädte wie Gera (49 000), Altenburg (40 000), Gotha (40 000), Jena (38 000) und Eisenach (38 000). Im preußischen Thüringen machten die einstigen Reichsstädte Mühlhausen (35 000) und Nordhausen (33 000) ähnliche Modernisierungsprozesse durch.

Die Industrialisierung trug vielgestaltige, innovative Züge. Dabei wurde auch die lange dominierende Vorstellung des Nationalökonomen Friedrich List relativiert, dass wirtschaftlicher Fortschritt nur in großen staatlichen Strukturen möglich sei. Zwar gehörte das preußische Thüringen zu den Motoren der Industrialisierung. Erfurt wurde zum Verkehrsknotenpunkt, entwickelte sich zu einem nationalen Zentrum der Metall- und Textilindustrie, wobei der traditionelle Erwerbsgartenbau der weltweit bekannten «Blumenstadt» einen besonderen Akzent verlieh. Doch auch in den Kleinstaaten entstanden starke Industrieregionen. Besonders Jena entwickelte sich zu einem Musterbeispiel des wissenschaftlich-technischen Fortschritts. Das Unternehmen von Carl Zeiss, der 1846 eine Werkstatt für mechanische und optische Instrumente eröffnet hatte, ragte dabei heraus. Nach dem Tode des Gründers (1888) seit 1889 als sozial vorbildliche Stiftung geführt, stieg «Zeiss» unter der Leitung von Ernst Abbe zum führenden Unternehmen der Optik und des wissenschaftlichen Gerätebaus mit 4700 Mitarbeitern auf. Dies geschah in enger Zusammenarbeit mit dem Glaswerk von Otto Schott sowie der Universität Jena. Weitere wichtige Schwerpunkte der um 1900 noch einmal beschleunigten Industrialisierung waren die Textilindustrie in Ostthüringen, der Braunkohletagebau im Altenburger Land, der Kalibergbau in Nordthüringen und im Werratal sowie zahlreiche Einzelstandorte mit Fahrzeugbau in Eisenach, Waffenproduktion in Sömmerda oder Textilindustrie in Apolda. Dank einer expandierenden Energiewirtschaft ging seit den 1880er-Jahren die Elektrifizierung sprunghaft voran. Bis zum Ersten Weltkrieg konnten Wirtschaft, Städte und etwa die Hälfte der Gemeinden auf Kraftstrom zurückgreifen; in den 1920er-Jahren galt die Elektrifizierung als weitgehend abgeschlossen.

Als aufstrebende Industrieregion bildete Thüringen zugleich ein frühes Zentrum der Arbeiterbewegung, in dem auch dank des liberalen Veranstaltungsrechtes wegweisende Parteitage stattfanden. 1869 erfolgte die Gründung der Sozialdemokratie unter August Bebel und Wilhelm Liebknecht in Eisenach. Sie vereinigte sich 1875 in Gotha mit dem Lassalle'schen ADAV und nahm 1891 auf dem Erfurter Programmparteitag den Namen

SPD an. Die Ausgrenzung als «Reichsfeinde» und «rote Gefahr» durch die Eliten des Kaiserreiches schweißte die Partei ebenso zusammen wie die Herausforderungen der viel diskutierten «sozialen Frage». Aus der Verfolgung während des Bismarck'schen Sozialistengesetzes 1878–1890 ging die Sozialdemokratie auch in Thüringen gestärkt hervor. Hatte sie 1877 im Wahlkreis Reuß ä. L. ihr erstes Reichstagsmandat errungen, war die SPD 1912 schließlich die beherrschende politische Kraft mit 10 von 16 thüringischen Reichstagssitzen. In den Kleinstaaten, im preußischen Provinziallandtag und auf lokaler Ebene verhinderten allerdings sozial abgestufte Wahlregelungen, wie das preußische Dreiklassenwahlrecht, eine stärkere Stellung der SPD.

Die Herausbildung einer Arbeiterbewegung und ihrer sozialistischen Milieupartei war nur ein Aspekt bei der Entstehung eines modernen Parteiensystems seit den 1860er-Jahren. Im bürgerlich-nationalen Lager stellte die Nationalliberale Partei 1871 mit zehn Reichstagsmandaten in Thüringen die stärkste Kraft, die sie bis 1912 trotz des Zusammenschmelzens auf drei Sitze behauptete. Nur noch je einen Sitz bekamen 1912 die zeitweise sehr erfolgreichen Linksliberalen und die Konservativen. Die katholische Zentrumspartei errang v. a. dank der Stimmen aus dem Eichsfeld von 1871 bis 1912 jeweils ein Mandat. Die Schattenseiten der industriellen Moderne, insbesondere die Spaltung der Städte in ein Arbeiter- und ein Bürgermilieu, beförderten die politische Polarisierung. In Teilen der Landbevölkerung und des Bürgertums verstärkte dies konservative, antisozialistische und antidemokratische Einstellungen, die der rapiden «Entliberalisierung» nach 1918 Vorschub leisteten. Die Wilhelminische Epoche unter Kaiser Wilhelm II. (1888–1918) ließ im Zeitalter des Imperialismus zudem die nationalistischen, militaristischen und autoritären Züge weiter hervortreten. Dies kam auch in den thüringischen Kleinstaaten zum Ausdruck. So folgte in Weimar auf den liberal-kunstsinnigen Monarchen Carl Alexander mit seinem Enkel Wilhelm Ernst (1901–1918) ein Vertreter der wilhelminischen Generation.

Mit der zunehmenden politischen Bedeutungslosigkeit wurden die Kleinstaaten im 19. Jahrhundert weitgehend auf die Gestaltung einiger verbliebener Bereiche der Innenpolitik, besonders des Kulturbereiches, verwiesen. Die Kultur mit ihrer großen Tradition spielte für das Selbstverständnis und die Existenzberechtigung der meisten Fürstenhäuser eine zentrale Rolle. Auf diese Zeit geht die endgültige Ausformung der einmalig dichten Kulturlandschaft in Thüringen zurück. Die Residenzstädte mit ihren Schlössern und Parks, ihren Theatern, Orchestern, Museen und Archiven entfalteten noch einmal ein beachtliches Kulturleben, konnten herausragende Künstlerpersönlichkeiten an sich ziehen. Allerorten wurden Repräsentations- und Kulturbauten neu errichtet, erweitert oder saniert; so bekamen die Hoftheater in Gera (1902), Weimar (1908) und Meiningen (1909) prächtige Neubauten. Die Fürsten investierten, oft aus ihrem Privatvermögen, auch in die Pflege und Rekonstruktion von wichtigen Kulturdenkmalen. Eine der beeindruckendsten Persönlichkeiten war in dieser Hinsicht der volksnahe Meininger «Theaterherzog» Georg II. (1866–1914). Er schrieb mit seinen weltweit auftretenden «Meiningern» persönlich Theatergeschichte, sanierte die Veste Heldburg und förderte die Künste in vielen Bereichen. In seiner Residenzstadt wirkten Hans von Bülow, Richard Strauss und Max Reger als Kapellmeister. Der gute Ruf des Meininger Theaters reicht bis in die Gegenwart.

Das Großherzogtum Sachsen-Weimar-Eisenach, seit 1903 offiziell Großherzogtum Sachsen genannt, stand auch bei der kulturellen Spätblüte im Mittelpunkt. Es konnte nach der Goethezeit bis zu einem gewissen Grad an jenes «Goldene Zeitalter» anknüpfen. Weimar erlebte unter Großherzog Carl Alexander und seiner Gattin Sophie ein «Silbernes Zeitalter», als Franz Liszt als Kapellmeister wirkte (1842–1861) und die Wartburg wieder aufgebaut wurde (1838–1889). Die «deutscheste aller deutschen Burgen» wurde zum romantischen Nationaldenkmal, das an den Sängerkrieg, die heilige Elisabeth, Luther und das Wartburgfest erinnert. Zentrales Anliegen war die Pflege des klassischen Erbes. Als nach dem Tode von Goethes letztem Nachkommen 1885 der Nachlass an den Staat bzw. die Großherzogin ging, wurden mit Goethe-Gesellschaft (1885), Goethe-Nationalmuseum (1885) und «Sophien-Ausgabe» der Werke

Goethes (1887–1919) wesentliche Grundlagen gelegt. Das Goethe-und-Schiller-Archiv (1885/89) beherbergt heute eines der größten Literaturarchive mit über 120 Nachlässen, darunter die von Goethe, Schiller, Wieland, Herder, Fritz Reuter, Friedrich Hebbel, Georg Büchner, Gustav Freytag, Franz Liszt und Friedrich Nietzsche. Die Dichter, Denker und Musiker bekamen Denkmale, allen voran Goethe und Schiller das Doppelstandbild von Ernst Rietschel (1857), eines der bekanntesten Denkmale weltweit. Das «Ilm-Athen» stieg endgültig zum kulturellen Wallfahrtsort auf, verklärte sich zum «Mythos Weimar».

Die Universität Jena erlebte in enger Zusammenarbeit mit der Carl-Zeiss-Stiftung einen Aufschwung besonders in den Naturwissenschaften, etwa durch das Wirken des Zoologen und Darwinisten Ernst Haeckel von 1865 bis 1909. Unter Großherzog Wilhelm Ernst scheiterten nach der Jahrhundertwende die Versuche zur Schaffung eines avantgardistischen «Neuen Weimar» durch Harry Graf Kessler und Henry van de Velde. Auch im Kulturbereich machte sich nun die «konservative Wende» deutlich bemerkbar, was freilich nicht allein dem letzten Vertreter des Weimarer Fürstenhauses anzulasten ist.

Der Ausbruch des Ersten Weltkrieges im August 1914 erzeugte auch in Thüringen zunächst eine Welle der nationalen Begeisterung. Die unerwartet lange Dauer des Krieges, die Opfer an den Fronten sowie durch Hunger und Krankheiten in der Heimat führten jedoch zu wachsender Kriegsmüdigkeit. Anfangs in den «Burgfrieden» aller Parteien eingebunden, begannen linke Teile der SPD die Unterstützung des Krieges offen in Frage zu stellen. Hieraus entstand die Unabhängige Sozialdemokratische Partei Deutschlands (USPD), die im April 1917 in Gotha gegründet wurde und dort eine ihrer Hochburgen besaß. Die Novemberrevolution mit der Abdankung des Kaisers, der Ausrufung der Republik am 9. November 1918 sowie der Regierungsübernahme durch die SPD unter Parteichef Friedrich Ebert strahlte auch auf Thüringen aus. Schon seit dem 7. November war es zu Unruhen und zur Bildung von Arbeiter- und Soldatenräten gekommen, die in den Städten die Regierungen bzw. Verwaltungen unter Kontrolle nahmen. Die Abdankung der Kleinstaatenfürsten vollzog sich, beginnend mit Großherzog Wilhelm Ernst in Weimar, vom 9. bis 25. November. Damit endete die jahrhundertelange Herrschaft der thüringischen Herzog- und Fürstenhäuser. Bei allen bleibenden Verdiensten der Dynastien besonders im kulturellen Bereich hatte sich nach Überzeugung einer Bevölkerungsmehrheit die Ära der monarchischen Klein-staaten überlebt. So endete das «lange 19. Jahrhundert» mit einer tiefen Zäsur in der Landesgeschichte.

VIII. Staatlicher Zusammenschluss im Zeitalter der Extreme (20. Jahrhundert)

Das «Zeitalter der Extreme» (Eric Hobsbawm), das 20. Jahrhundert mit seinen beiden verheerenden Weltkriegen, mit Bürgerkriegen, Diktaturen und Umwälzungen, hat sich auch in Thüringen tief in die Geschichtslandschaft eingegraben. Die Spuren jener totalitären Ideologien, die mit Gewalt die moderne Massengesellschaft umzuformen suchten, verdichten sich in besonderer Weise in der Gedenkstätte Buchenwald. Am Beginn stand allerdings die erste, wenn auch kurzlebige deutsche Demokratie, die nach ihrem Gründungsort als Weimarer Republik in die Geschichte einging. Zugleich erfolgte in jener unruhigen Zeit zwischen der «Urkatastrophe des 20. Jahrhunderts» (George F. Kennan), dem Ersten Weltkrieg 1914/18, und dem Ende der Ost-West-Konfrontation durch den Zusammenbruch des Sowjetimperiums um 1990 die schrittweise Überwindung der kleinstaatlichen Zersplitterung Thüringens.

1. Landesgründung und Freistaat in der Weimarer Republik

Einen erheblichen Teil ihrer Energie verwandten die politischen Handlungsträger nach der Novemberrevolution 1918 auf den staatlichen Zusammenschluss Thüringens. Die Rufe danach waren zu Beginn des 20. Jahrhunderts immer lauter geworden. Insbesondere die Schrift des Meininger Sozialdemokraten Arthur Hofmann ‹Thüringer Kleinstaatenjammer› (1906) hatte eine heftige Diskussion angefacht. Der Weltkrieg mit seinem Zwang zu effektiveren Verwaltungsstrukturen trieb die Entwicklung voran, mit dem Sturz der Monarchien war die wichtigste Hürde gefallen. Die thüringischen Freistaaten (= Republiken) wurden jetzt von sozialdemokratischen bzw. sozialliberalen Regierungen mit entsprechenden Landtagsmehrheiten geführt, die für einen demokratischen Umbau standen. Nur in Gotha versuchten linksradikale Kräfte zeitweise ein Rätesystem umzusetzen.

Die Ära der Frei- bzw. Volksstaaten Sachsen-Weimar-Eisenach, Sachsen-Gotha, Sachsen-Coburg (1919 Trennung von Gotha), Sachsen-Meiningen, Sachsen-Altenburg, Schwarzburg-Rudolstadt, Schwarzburg-Sondershausen und Reuß (1919 Zusammenschluss von Gera und Greiz) war nur von kurzer Dauer. Bereits Ende 1918 fanden erste Gespräche statt, die im Mai 1919 zu einem Gemeinschaftsvertrag über den Zusammenschluss führten. Mit Reichsgesetz vom 1. Mai 1920 trat der Freistaat Thüringen mit der Hauptstadt Weimar ins Leben (1,6 Mio. Einwohner, 11 763 km² Fläche). Einige Kleinstaaten, besonders Meiningen, mussten in zähen Verhandlungen zu diesem Schritt bewegt werden. Im Falle Coburgs blieben alle Bemühungen vergebens, dieses schloss sich nach einer Volksabstimmung im Juli 1920 dem Freistaat Bayern an. Schwerwiegender war, dass die preußischen Gebiete mit dem Zentralort Erfurt «Kleinthüringen» fernblieben. Dies lag sowohl an der Haltung der preußischen Regierung als auch an der propreußischen Stimmung in großen Teilen der Bevölkerung. Auch wenn es nicht zur Bildung eines «Großthüringen» kam, hatte die Region doch die einschneidendste Gebietsveränderung in Deutschland zwischen 1866 und 1945 erlebt, von der man sich weitere Impulse für eine umfassende Reichsreform erhoffte.

Lief der Prozess der Landesbildung unter weitgehender Übereinstimmung der politischen Lager ab, war dies bei der inneren Ausgestaltung des neuen Thüringen ganz anders. Die politische Landschaft war tief gespalten, wobei den Parteien nunmehr eine weit größere Bedeutung zukam, nachdem aus dem konstitutionellen Kaiserreich eine parlamentarische Demokratie geworden war.

Von Februar bis August 1919 stand die thüringische Kulturstadt Weimar als Tagungsort der Deutschen Nationalversammlung im Rampenlicht der Öffentlichkeit. Die am 19. Januar gewählten Abgeordneten versammelten sich in der zentral gelegenen, gut zu schützenden Kleinstadt Weimar, weil in der Reichshauptstadt Berlin der Bürgerkrieg tobte. Am 31. Juli 1919 wurde die Weimarer Reichsverfassung angenommen und am 11. August von Reichspräsident Friedrich Ebert (SPD) in Schwarzburg im Thüringer Wald unterzeichnet. Thüringen wurde so zum Geburtsort der ersten deutschen Demokratie, das Deutsche Nationaltheater Weimar, Tagungsstätte der Nationalversammlung, zu ihrem Symbolort.

Im Parteienspektrum hatte der Umbruch 1918/19 zu einigen Veränderungen geführt. Stärkste Kraft des sozialistischen Lagers war weiter die SPD. Die zeitweise sehr einflussreiche USPD ging bald teils wieder in der SPD, teils in der 1919 gegründeten linksradikalen Kommunistischen Partei Deutschlands (KPD) auf. Der Liberalismus blieb in die linksliberale Deutsche Demokratische Partei (DDP) und die rechtsliberale Deutsche Volkspartei (DVP) gespalten. Dem Konservativismus war die Gründung einer Sammelpartei gelungen, der Deutschnationalen Volkspartei (DNVP). Hinzu kam die katholische Zentrumspartei. Das reine Verhältniswahlrecht begünstigte dann ein zunehmendes Ausfasern des Parteienspektrums. Unter den neuen Interessenparteien erlangte nur die mittelständische Wirtschaftspartei Bedeutung. Einen Sonderfall bildete der Thüringer Landbund (TLB) als agrarischer Interessenverband und politische Partei zugleich. Auf der äußersten Rechten sollte sich die Nationalsozialistische Deutsche Arbeiterpartei (NSDAP) als stärkste Kraft etablieren.

Die wichtigsten Betätigungsfelder der Parteien waren die Parlamente der jungen Republik, der Reichstag, aber auch die Volksvertretungen der per Weimarer Reichsverfassung (Artikel 17) zur «freistaatlichen» Regierungsform verpflichteten Länder. § 5 der Thüringer Verfassung von 1921 legte fest: «Der Landtag übt die gesetzgebende Gewalt aus, überwacht die Verwaltung und bestellt die Landesregierung.»

Der Thüringer Landtag, von 1920 bis 1933 im Weimarer «Fürstenhaus» am Fürstenplatz (heute Platz der Demokratie) beheimatet, war in ein linkes und rechtes Lager tief gespalten. Das brachte es mit sich, dass Thüringen eine weithin beachtete Vorreiterrolle für die völkisch-antisemitische Bewegung bzw. die NSDAP spielte. So konnten die Rechtsradikalen vom politischen Außenseiter (1920–1923) über den Mehrheitsbeschaffer der Bürgerlichen (1924–1929), deren Regierungskoalitionär (1930/31) bis hin zur (fast) allein regierenden Vormacht (1932/33) aufsteigen.

Die erste Landesregierung aus DDP, SPD und USPD unter Arnold Paulssen (DDP) konnte noch an den demokratischen Aufbruch der «Weimarer Koalition» im Reichstag aus SPD, DDP und Zentrum anknüpfen. Allerdings war die Nachkriegszeit von politisch-sozialen Spannungen und Bürgerkrieg gekennzeichnet. Sie gipfelten im Kapp-Putsch vom März 1920, dem wichtigsten «Radikalisierungsschub» (Gunther Mai) auch in Thüringen. Die teils erbitterten Kämpfe zwischen bewaffneten Arbeitern auf der einen, Reichswehr, Polizei, Freikorps und Bürgerwehren auf der anderen Seite forderten zahlreiche Todesopfer. Sie warfen tiefe gesellschaftliche Gräben auf. Zudem kam die sozialliberale Regierung in Thüringen erst nach monatelangem Tauziehen zwischen den Parteien und Fraktionen zustande. Die erste Landtagssitzung fand am 20. Juli 1920 statt, die Regierung wurde im November gebildet. Schon im Juli 1921 zerbrach die Koalition an inneren Spannungen.

Im Ergebnis der ersten Legislaturperiode verlor die DDP an politischer Bedeutung. Die Rechtsparteien DVP und DNVP sowie der Landbund hatten, so der tonangebende DNVP-Abgeordnete Friedrich von Eichel-Streiber am 10. November 1920, den eingeschlagenen «Weg der Linksregierung» mit den Sozialdemokraten ohnehin für verhängnisvoll gehalten. Diese Ansicht wurde offenkundig vom Großteil des bürgerlich-nationalen Wählerlagers geteilt. Die SPD wandte sich nach dem unpopulären Bündnis mit den bürgerlichen Demokraten wieder dem eigenen Parteienlager zu. Zu einer republiktreuen «Weimarer Koalition» nach dem Vorbild Preußens, der in Thüringen zudem eine starke Zentrumspartei fehlte, sollte es nicht wieder kommen. Die oft polarisierenden Debatten des I. Thüringer Landtages 1920/21 um die Regierungsbildung, die Landesverfassung und andere wichtige Grundsatzentscheidungen des jungen Freistaates hatten dauerhafte Spuren hinterlassen.

Nach Neuwahlen trat im Oktober 1921 eine SPD-USPD-Regierung unter August Frölich (SPD) ihr Amt an, die von einer Tolerierung durch die KPD abhängig war. Damit begann eine intensive linksdemokratisch-sozialistische Reformpolitik, wie sie in Deutschland ihresgleichen suchte. Diese Phase des «roten Thüringen» 1921/23 sollte die Atmosphäre im Land weiter aufheizen. Kulturpolitische Maßnahmen wie die Einführung neuer Feiertage (1. Mai und 9. November) auf Kosten kirchlicher, eine groß angelegte Reform des Bildungswesens («Greilsche Schulreform») oder die Förderung des 1919 gegründeten Staatlichen Bauhauses in Weimar unter Walter Gropius brachten das bürgerlich-nationale Lager auf. Nicht zuletzt in den Debatten um das Bauhaus, einen der wichtigsten Impulsgeber der klassischen Moderne in Architektur, Kunst und Design, spiegelte sich die hitzige Politisierung jener Zeit. Während die großen Namen jenes kulturellen Aufbruchs wie Lyonel Feininger, Johannes Itten, Josef Albers, Paul Klee, Wassily Kandinsky, Oskar Schlemmer oder László Moholy-Nagy mit ihren Bauhäuslern teils völlig neue Wege beschritten, fühlten sich große Teile des Bürgertums einem «kulturbolschewistischen» Niedergang ausgesetzt. Von hier war es nur noch ein kleiner Schritt zur Verfemung der «entarteten Kunst» durch die Nationalsozialisten.

Die von extremer Wirtschaftskrise und Hyperinflation begleitete Amtszeit der Regierung Frölich gipfelte in der «Volksfrontregierung» von SPD und KPD im «heißen Herbst» 1923. Dies sollte der SPD von den bürgerlichen Parteien nicht mehr verziehen werden. In der Regierungsbildungsdebatte vom 16. Oktober 1923 erklärte der DVP-Abgeordnete Arno Neumann «im Namen der vier bürgerlichen Fraktionen», diese hätten seit 1921 die «einseitige Partei- und Klassenregierung» der Sozialdemokraten bekämpft, deren Charakter nach dem Bündnis mit den Kommunisten «an Deutlichkeit nichts mehr zu wünschen übrig» lasse. Selbst der Demokrat Eduard Rosenthal, «Vater» der thüringischen Landesverfassung von 1921, fällte ein vernichtendes Urteil über die Ära Frölich.

Der neuen Regierung blieb jedoch kaum Zeit, tätig zu werden. In der angespannten Situation des Reiches mit einem drohenden rechten «Marsch auf Berlin» von Bayern aus und der Aufstellung proletarischer Hundertschaften durch die KPD in Thüringen erfolgte seit dem 5. November der Einmarsch von Reichswehrtruppen, die die vollziehende Gewalt im Land übernahmen. Am 12. November traten die KPD-Regierungsmitglieder zurück, am 14. Dezember löste sich das Rumpfkabinett Frölich auf. Der Konflikt sorgte für viele Emotionen und Verbitterung. Die Konfrontation zweier Blöcke hatte sich nachhaltig verfestigt, die Funktionsfähigkeit der thüringischen Demokratie bleibenden Schaden genommen.

Die vier bürgerlichen Parteien setzten jetzt gemeinsam als Thüringer Ordnungsbund (TOB) im Wahlkampf alles auf die Entmachtung der Linken: «Das ganze Land kam auf den Hund, uns hilft nur noch der Ordnungsbund!» Die Wahlen zum III. Landtag am 10. Februar 1924 brachten jedoch nicht die absolute Mehrheit. 35 TOB-Abgeordneten standen 30 linke Abgeordnete (SPD 17, KPD 13) bei 72 Mandaten gegenüber. Dies brachte die sieben Abgeordneten der Vereinigten Völkischen Liste in eine Schlüsselposition. Da erstmals rechtsradikale Abgeordnete in ein Landesparlament eingezogen waren, erhielten die Weimarer Vorgänge reichsweite Aufmerksamkeit. Als «Zünglein an der Waage» schlug nun die Stunde der Antisemiten, insbesondere die des Artur Dinter. Der exzentrische Führer der völkischen Fraktion und erste NSDAP-Gauleiter Thüringens 1925 entfachte sofort eine heftige Propagandaschlacht. Die Wahl der Landesregierung unter Richard Leutheußer (DVP) im Februar 1924, die auf seine Unterstützung angewiesen war, verstand er öffentlichkeitswirksam in politische Münze umzuschlagen. Dinter hatte u. a. erklärt, allein dann zuzustimmen, wenn «die Regierung nur aus deutschblütigen, nichtmarxistischen Männern besteht». Dieser Forderung fiel mit dem jüdischen DDP-Regierungskandidaten Eduard Rosenthal eine der herausragenden Persönlichkeiten der thüringischen Demokratie zum Opfer.

Die Tolerierungspartner konnten noch weitere Erfolge verzeichnen, etwa den Rücktritt des jüdischen Staatsbankdirektors Walter Loeb nach einer üblen öffentlichen Kampagne. Auf einer Linie lagen Völkische und Bürgerliche auch in der Frage des Bauhauses, dem von der Regierung die Gelder gestrichen wurden. Das Bauhaus siedelte sich daraufhin 1925 in Dessau neu an. Das politische Klima in Thüringen beförderte die Erholung der NSDAP nach dem gescheiterten Münchner Hitler-Putsch vom November 1923. Nicht zufällig fand 1926 ihr erster Reichsparteitag nach der Wiedergründung in Weimar statt, wohin Hitler sogar die Parteileitung zu verlegen erwog. Allerdings gelang es den Nationalsozialisten noch nicht, sich dauerhaft als bestimmende Kraft im Landtag zu etablieren. So konnten die Bürgerlichen in der einzigen vollen Legislatur 1924–1927 ihre Vorstellungen weitgehend umsetzen. Ihnen kam hierbei die Stabilisierung der Situation in den mittleren 1920er-Jahren entgegen, den «Goldenen Zwanzigern». In dieser Zeit führte ein kurzer Konjunkturaufschwung zu zahlreichen Investitionen und öffentlichen Bauprojekten wie Behördengebäude, Stadien, Stadthallen und Parkanlagen. Wirtschaftspolitisches Hauptprojekt des Landes war der Bau der Saaletalsperren, damals die größten Talsperrenanlagen Europas (Bleilochtalsperre 1925–1932, Hohenwartetalsperre 1935–1945). Allerdings zeigten sich schon im IV. Landtag (1927–1929) wieder zunehmende Symptome von Instabilität. Die 1927 gebildete bürgerliche Minderheitsregierung Leutheußer scheiterte bereits im Oktober 1928, und auch den beiden folgenden Kabinetten unter Arnold Paulssen blieb nur ein Jahr Wirkungsfrist, ehe es zu vorgezogenen Neuwahlen kam.

Wie schon 1924 waren nach der Wahl zum V. Landtag im Dezember 1929 die bürgerlichen Parteien (23 Abgeordnete) gegenüber 24 Abgeordneten der Arbeiterparteien bei der Regierungsbildung auf die äußerste Rechte angewiesen. Die sechsköpfige NSDAP-Fraktion gab sich allerdings nicht mehr mit einer Tolerierung zufrieden, sondern strebte eine Regierungsbeteiligung an. Adolf Hitler persönlich reiste zu Verhandlungen nach Weimar, wo er die Berufung des verurteilten Hitler-Putsch-Teilnehmers Wilhelm Frick zum Innen- und Volksbildungsminister in der von Erwin Baum (TLB) geführten Regierung durchsetzte. In Thüringen gelangte so 1930 erstmals ein Nationalsozialist auf den Ministersessel eines deutschen Landes. Der spätere Reichsinnenminister nutzte die beiden föderalen Schlüsselressorts zum «Probelauf» für die Machtergreifung und konnte 1933 auf seine Erfahrungen in Thüringen zurückgreifen. Frick machte sich sofort daran, nationalsozialistische Vorstellungen umzusetzen. Genannt seien die «Säuberung» des Beamtenapparates in Verwaltung, Polizei und Bildungswesen, kulturell-weltanschauliche Maßnahmen wie der Erlass «Wider die Negerkultur für deutsches Volkstum», nationalistische «Schulgebete», die spektakulären Berufungen des Kulturrassisten Paul Schultze-Naumburg an die Spitze des ehemaligen Bauhauses Weimar und des Rassekundlers Hans F. K. Günther («Rasse-Günther») an die Landesuniversität Jena. In Thüringen konnte man erstmals erahnen, was im Falle einer nationalsozialistischen Machtübernahme in Deutschland zu erwarten war.

Neben Minister Frick und seinem Regierungskollegen Staatsrat Willy Marschler profilierte sich der seit 1927 amtierende NSDAP-Gauleiter Fritz Sauckel als Fraktionsführer im Landtag zum Einpeitscher seiner Partei. Er nutzte oft die Gelegenheit, sich als nationaler Erneuerer und radikaler Antisemit aufzuspielen. Während der immer schärferen Debatten offenbarte sich die eingefahrene Frontstellung zwischen den beiden (ebenfalls in vielen Fragen verfeindeten) Arbeiterparteien und dem bürgerlich-nationalen Block, der die Tätigkeit Fricks, wenn auch oft mit Bedenken, letztlich immer mittrug. Bezeichnenderweise führte nicht die Regierungspraxis Fricks zum Bruch der Koalition, sondern die heftigen verbalen Attacken, denen sich die Bürgerlichen seitens ihres «Partners» ausgesetzt sahen. Mit den Stimmen der Arbeiterparteien sowie der DVP-Abgeordneten unter Georg Witzmann sprach der Landtag Frick und Marschler im April 1931 das Misstrauen aus. Das Minderheitenkabinett

Baum regierte unter Duldung durch die SPD noch bis Juli 1932. Dann zerbrach das labile Zweckbündnis an den extremen wirt-schaftlichen und sozialen Verwerfungen, die auch Thüringen seit Beginn der Weltwirtschaftskrise Ende 1929 mit aller Macht erfasst hatten.

Von wachsender Popularität als moderne national-antimar-xistische Massenpartei beflügelt, gingen die Nationalsozialisten aufs Ganze. Schon in der Debatte um den Misstrauensantrag gegen Frick und Marschler 1931 hatte Sauckel gegenüber den bisherigen Partnern prophezeit: «Wir kommen wieder, und über Ihre Parteileichname spaziert das deutsche Volk!» Diese Dro-hung sollte bereits mit der Landtagswahl vom 31. Juli 1932 weitgehend in Erfüllung gehen. Mit 42,5 % der Stimmen (37,3 % im Reich) und 26 von 61 Abgeordnetensitzen hatte die NSDAP die Wahl eindeutig gewonnen. Die Bürgerlichen verschwanden mit Ausnahme des Landbundes (6 Abgeordnete) in der Bedeu-tungslosigkeit. Am 26. August 1932 nahm die Regierung Sau-ckel als vierte NSDAP-geführte Landesregierung nach Anhalt, Oldenburg und Mecklenburg-Schwerin ihre Geschäfte auf. Sie wurde vom Landbund durch einen Staatsrat mitgetragen. Wäh-rend ihrer kurzen Amtszeit bis zur «Machtergreifung» im Reich zielte die Landespolitik der Nationalsozialisten auf die Aushöh-lung des von ihnen verhassten parlamentarischen «Systems» der Weimarer Republik. Permanent wurde der Landtag durch Stö-rung der Ordnung lahmgelegt und die Opposition schikaniert. Parallel nutzte die NSDAP Regierung und Parlament nunmehr rücksichtslos für Propaganda und Machtausbau der eigenen Partei.

2. «Mustergau» im Dritten Reich

Mit der Ernennung Adolf Hitlers zum Reichskanzler durch Reichspräsident Paul von Hindenburg am 30. Januar 1933 be-gann die «Machtergreifung» der Nationalsozialisten. Der Reichstagsbrand vom 27. Februar lieferte den Vorwand für die «Reichstagsbrandverordnung», mit der politische Gegner ohne gerichtliche Untersuchung in «Schutzhaft» genommen werden konnten. Tausende «Nazi»-Gegner, zunächst v. a. Kommunisten und Sozialdemokraten, wurden verschleppt. Am 23. März 1933 sorgte das vom Reichstag verabschiedete «Ermächtigungsgesetz» für die unabhängige Gesetzgebungskompetenz der Regierung Hitler. Bis Sommer 1933 wurden alle übrigen Parteien verboten oder lösten sich selbst auf. Gleichzeitig vermittelten symbolische Akte wie der «Tag von Potsdam» am 21. März 1933, als sich Hitler vor Hindenburg verneigte, großen Bevölkerungsteilen das Gefühl, das konservativ-bürgerliche Deutschland vereinige sich mit der NS-Bewegung zu einem neuen nationalen Ordnungsstaat. Mit der Erhebung des 1. Mai 1933 zum «Tag der nationalen Arbeit» und der anschließenden Zerschlagung der Freien Gewerkschaften fand die Strategie von «Zuckerbrot und Peitsche» gegenüber der Arbeiterschaft einen ersten Höhepunkt. Die «Gleichschaltung» von Staat und Gesellschaft ging voran.

Diese Entwicklung nahm in Thüringen aufgrund der «vorgezogenen Machtergreifung» seit Sommer 1932 die Gestalt eines relativ formlosen Übergangs zur diktatorischen Staatsführung an. Dabei war die NS-Gauführung bemüht, weiter als «Vorreiter» und besonders eifriger Umsetzer nationalsozialistischer Politik zu glänzen. In gewohnter Manier strich Gauleiter Sauckel nun «Thüringens Anteil am Befreiungswerk» Deutschlands heraus. So wurden beispielsweise schon am 31. Januar politische Aktivitäten der KPD weitgehend verboten. Die politische Linke war im Frühjahr 1933 faktisch zerschlagen bzw. in den Untergrund gedrängt, allein rund 400 KPD-Funktionäre einschließlich der Reichstags- und Landtagsabgeordneten befanden sich in «Schutzhaft». Trotz des großen Opferzolls blieb besonders der kommunistische Widerstand in Thüringen aktiv und besaß später in der Gruppe um Theodor Neubauer und Magnus Poser ein wichtiges Zentrum. Auch Sozialdemokraten wie Hermann Brill gingen in den aktiven Widerstand. Viele von ihnen bezahlten dies ebenso wie Angehörige anderer politisch-gesellschaftlicher Gruppen mit KZ-Haft oder Tod.

Ganze zwei Wochen nach Hitlers Ernennung kam das Parlament als ein Symbol des verhassten «Systems» an die Reihe. In der letzten Sitzung des VI. Landtages vom 14. Februar 1933 beschloss die Mehrheit auf Antrag der NSDAP, «sich auf unbestimmte Zeit» zu vertagen – das war das faktische Ende des Parlamentarismus in Thüringen.

Nach der ersten Welle der «nationalen Revolution», die sich bis Herbst über das Land ergossen hatte, war es dem neuen Regime gelungen, sich auf Dauer zu etablieren. Dem Geschehen in der Provinz des «tausendjährigen Reiches» kam dabei erhebliches Gewicht zu, was bei aller Machtkonzentration in der braunen Führung um Hitler nicht zu übersehen ist. Gerade Fritz Sauckels erfolgreiches Wirken in Thüringen verweist deutlich auf den Doppelcharakter von Reichszentralismus und Gaupartikularismus im Dritten Reich. Das regionale Geschehen war dabei im Sinne des «Führergedankens» ganz auf die Person des Gauleiters zugeschnitten und hierarchisch durchgegliedert. Dabei gelang es dem «Vizekönig» Hitlers, den gleichfalls charakteristischen Wirrwarr der verschiedenen Ämter, Instanzen, Strukturen und Organisationen effektiv zu bündeln. Seit August 1932 Regierungschef, wurde Sauckel am 5. Mai 1933 von Reichspräsident Hindenburg zum Reichsstatthalter für Thüringen ernannt. Er konnte jetzt den Landtag auflösen und die Regierung einsetzen, Beamte ernennen und entlassen, Gesetze bedurften seiner Zustimmung. Als Gauleiter und Reichsstatthalter vereinte Sauckel die beiden höchsten Ämter in Partei und Staat in seiner Person.

Allerdings verlor das Amt des Reichsstatthalters mit der «Gleichschaltung» der Länder 1933/34 an Bedeutung. Dennoch gelang es Sauckel, mit einem Geflecht aus Herrschaftsfunktionen, persönlicher Gefolgschaft, Prestigestreben und ökonomischem Einfluss seine Machtstellung zu stärken. In Sachen Personalpolitik verließ er sich überwiegend auf Mitstreiter der «Kampfzeit». Ministerpräsident Willy Marschler wurde eine wichtige staatliche Repräsentationsfigur, Hans Severus Ziegler eine Art «Kulturdiktator». Walter Ortlepp, 1933–1945 Büroleiter des Reichsstatthalters, organisierte die Geheime Staatspolizei (Gestapo), ehe ihn Sauckel 1936 zum Leiter des Innenministeriums berief. Die ab 1941 in Weimar zentralisierte Gestapo bildete ein wesentliches Instrument der NS-Schreckensherrschaft.

Viele weitere «alte Kämpfer», aber auch Vertreter der bürgerlich-konservativen Eliten wurden in Führungspositionen von Staat, Wirtschaft und Gesellschaft eingesetzt. Die Stellung Sauckels als dominierender «Gaufürst», die keineswegs allen der 31 Gauleiter im Reich beschieden war, durfte spätestens Mitte der 1930er-Jahre weitgehend als gefestigt gelten.

Hauptanliegen Sauckels war die Profilierung Thüringens zum «Mustergau» im Dritten Reich. Ein Hauptelement bildete der Ausbau Weimars zu einer repräsentativen Gauhauptstadt, in der sich prestigeträchtige nationale Hochkultur und der Geist des Nationalsozialismus die Hand reichen sollten. Sauckel kam hierbei die Vorliebe Hitlers für die Klassikerstadt an der Ilm sehr entgegen, die dieser seit 1925 häufig besucht hatte. «Ich liebe nun einmal Weimar. Ich brauche Weimar, wie ich Bayreuth brauche», so soll sich Hitler schon 1928 geäußert haben. Sauckel verstand es so besser als viele seiner Amtskollegen, das Licht der großen Popularität Hitlers auf seine Person scheinen zu lassen. Seinen Führer an Weimar zu binden ließ er sich deshalb auch einiges kosten. Deutlich wird dies etwa im Neubau des von Hitler bevorzugten Hotels «Elephant» am Marktplatz 1938.

Hitlers «Lieblingsstadt» Weimar sollte darüber hinaus zum Muster für die Umgestaltung aller deutschen Gauhauptstädte im Stile der «Neuen Architektur» werden. Herzstück war das «Gauforum» mit Verwaltungsbauten für Reichsstatthalterei und Gauleitung, Parteigliederungen, Deutsche Arbeitsfront und Wehrmacht sowie einer für 15 000 Zuschauer konzipierten «Halle der Volksgemeinschaft». Dieser Platz sollte Machtdemonstration und Kulisse für die Inszenierung der NS-Volksgemeinschaft in Massenveranstaltungen werden. Das Bauprojekt wurde vom ersten Spatenstich 1936 bis weit in den Krieg hinein verfolgt. In den Zusammenhang der Überhöhung zur Muster-Gauhauptstadt gehören aber auch erhebliche Investitionen in die Klassikerstätten und eine Nietzsche-Gedenkhalle als «geistige Weihestätten» der Nation. Natürlich sollte bei all diesen Bemühungen die Erinnerung an das Weimar der Nationalversammlung von 1919, an den Geburtsort der verhassten Weimarer Republik, ausgelöscht werden.

Ein weiteres Element waren die zahlreichen Kulturveranstaltungen, die der Verbreitung eines «gesunden Geistes» unter den Volksgenossen dienen sollten. Durch «Gleichschaltung» des Kulturbetriebes stand hierbei die NS-Ideologie mit ihren Orientierungspunkten Tradition, Volkstum, Heimat und Rasse im Zentrum. Zum anderen förderte Sauckel eine Reihe von Prestigeprojekten, die in sein Konzept vom «Mustergau» passten. Von der «Gaukulturwoche» bis hin zur aufwendigen «Woche des deutschen Buches» in Weimar (1934–1942) mit dem Schirmherrn Joseph Goebbels reichte das Spektrum. Vieles davon präsentierte Sauckel im «Thüringenhaus» in Berlin, dem schon im September 1933 eröffneten «Schaufenster Thüringens ins Reich». Medium der NS-Kulturpolitik wurde auch die Landesuniversität Jena, seit 1934 «Friedrich-Schiller-Universität». Die Jenaer Universität und auch Thüringen allgemein sollten sich besonders im Bereich der Rassenkunde und Rassenhygiene profilieren. Nach Kriegsbeginn konnte der neue Jenaer Rektor Karl Astel, 1933 Begründer des Landesamtes für Rassewesen und seit 1939 erster Rasseforscher an der Spitze einer deutschen Universität, sein Konzept einer «kämpferischen Wissenschaft» umsetzen.

Sein politisches Gespür setzte Gauleiter Sauckel auch in der Wirtschaftspolitik ein. Im Mittelpunkt stand die als «arisierende» Pioniertat gefeierte Enteignung des Suhler Waffen- und Fahrzeugwerkes der jüdischen Familie Simson, die für internationales Aufsehen sorgte. Sie legte den Grundstein für die Wilhelm-Gustloff-Stiftung, an deren Spitze er 1936 trat. Als nationalsozialistischer Musterbetrieb der boomenden Rüstungswirtschaft mit vielen Zweigbetrieben verlieh die Stiftung Sauckel ökonomische Macht. Der Ausbau der Rüstungsproduktion im zentral gelegenen, nach Kriegsausbruch im September 1939 zunächst noch kriegsfernen Thüringen führte schließlich zu einem tief greifenden industriellen und demografischen Strukturwandel. Gegen Kriegsende wurde Thüringen zum Schauplatz verzweifelter Bemühungen, mit unterirdischen Anlagen die vom Luftkrieg bedrohte Rüstungsproduktion aufrechtzuerhalten. Für diese Maßnahmen, die Tausende Häftlinge das Leben kosteten, steht v. a.

das KZ Mittelbau-Dora bei Nordhausen (1943/45) mit seinen V-2-Raketen-Stollen. Auf Initiative von Sauckel und Luftmarschall Göring wurde daneben 1944/45 durch die Gustloff-Stiftung in einem Stollen unter dem Walpersberg nahe Kahla der Düsenjäger Me 262 hergestellt (REIMAHG).

Die Gustloff-Stiftung betätigte sich aber auch auf sozialpolitischem Feld, um die Volksgemeinschafts-Ideologie zu befördern. Hierzu zählten etwa die Maßnahmen der an die Stelle der Gewerkschaften tretenden Deutschen Arbeitsfront (DAF). Allein die Angebote der DAF-Gesellschaft «Kraft durch Freude» (KdF), die bis hin zu billigen Kreuzfahrten reichten, vermittelten den Eindruck, man meine es ernst mit dem «kleinen Mann». Daran konnte die Gustloff-Stiftung anknüpfen. Sie stilisierte sich mit Altersvorsorge, Gewinnbeteiligung, Wohnungs- und Siedlungsprogramm, medizinischer Betreuung und Freizeitangeboten zu einem «Sozialismus der Gesinnung und der Tat». Weimar sollte mit seinem Fritz-Sauckel-Werk zu einer Muster-Industriestadt von 100 000 Einwohnern ausgebaut werden. Die Sauckel-Marschler-Stiftung bescherte darüber hinaus ab 1934 kinderreichen Familien ein Eigenheim. Mit der Auswahl besonders «erb- und rassetüchtiger» Familien für die neuen Siedlungen erfolgte dabei der Brückenschlag zur NS-Ideologie. Bei zahlreichen Grundsteinlegungen, Übergaben, Inbetriebnahmen usw. verstand es Sauckel, nach zwei Jahrzehnten mit Krieg, Bürgerkrieg, Wirtschaftskrisen und Arbeitslosigkeit Aufbruchstimmung im Geiste des Dritten Reiches zu verbreiten.

Seit Langem hatte Sauckel gute Beziehungen zur Wehrmacht gepflegt. Stolz wies er in der Schrift «Kampf und Sieg in Thüringen» darauf hin, dass schon am 18. Januar 1933 «Formationen der SA. und der SS. gemeinsam mit der Reichswehr» auf dem Weimarer Marktplatz aufmarschiert seien. Er bewies auch im Vorfeld des «Röhm-Putsches» 1934 den richtigen Instinkt, als er ganz auf der Linie Hitlers die Forderungen aus Kreisen der SA nach einer «zweiten Revolution» und ihrem Ausbau zu einer Volksmiliz zurückwies. Die Reichswehr blieb der «Waffenträger der Nation», der ab 1935 als Wehrmacht mit allgemeiner Wehrpflicht rasant aufgerüstet wurde. Auch in Thüringen führte dies zum Ausbau vieler Garnisonen, der Errichtung von Kasernenkomplexen, aber auch zum Ausbau der Rüstungswirtschaft.

Zum NSDAP-Gau gehörten seit 1927 das Land Thüringen, der preußische Regierungsbezirk Erfurt und der Kreis Schmalkalden (Regierungsbezirk Kassel). Damit hatte Sauckel auf der Parteiebene «Großthüringen» unter seiner Verfügungsgewalt. Dass nach der «Gleichschaltung» der Länder die Parteiebene an Bedeutung gewann, kam ihm daher entgegen. Seine Bestrebungen nach einem «Reichsgau Thüringen» scheiterten jedoch an der ausbleibenden Reichsreform. Hitler hatte dieses konfliktträchtige Großprojekt eingefroren. Zudem hatte der preußische Ministerpräsident Hermann Göring im Juli 1933 in Erfurt verkündet: «Wir werden keinen Fußbreit preußischen Bodens abtreten!» Doch Sauckel gab nicht nach und kam unter den Bedingungen des Krieges seinem Ziel sehr nahe. Nach mehreren Zwischenschritten der Übertragung gesamtthüringischer Kompetenzen verfügte am 1. April 1944 ein Führererlass die Aufteilung der Provinz Sachsen, wobei Sauckel die Befugnisse eines Oberpräsidenten im Bereich des Regierungsbezirks Erfurt zufielen, dem auch der Kreis Schmalkalden angegliedert wurde. Noch für ein Jahr durfte er sich als Herr «Großthüringens» fühlen, wenngleich die preußischen Territorien bis zum Ende des Dritten Reiches nie formell mit dem Land Thüringen verschmolzen wurden.

In den Fokus der Verfolgungen durch das Dritte Reich gerieten neben der politischen Linken bald auch die Kirchen, die durch ihre christliche Weltanschauung den totalitären Machtanspruch des Nationalsozialismus infrage stellten. Die NS-Führung kämpfte im «Kernland der Reformation» und Land der heiligen Elisabeth heftig gegen die beiden großen Konfessionen und kleinen Religionsgemeinschaften. Dabei schienen die Chancen für eine Integration zumindest der evangelischen Kirche gar nicht schlecht. Die stark am Nationalsozialismus orientierten «Deutschen Christen» (DC) beherrschten rasch die Führung der 1920 gebildeten Thüringer Landeskirche. Auch nach dem Scheitern von Hitlers Projekt einer an den DC orientierten Reichskirche blieben ihre Vertreter in Thüringen tonangebend. Zwar gab es auch eine Gegenbewegung der Bekennenden Kirche, die jedoch den administrativen Hoheitsanspruch der DC weitgehend akzeptierte. Einzelne kritische Pfarrer und Laien wurden gemaßregelt oder ins KZ Buchenwald gebracht. Dort starb 1939 mit Pfarrer Paul Schneider einer der bekanntesten evangelischen Geistlichen, die sich den NS-Machthabern nicht hatten beugen wollten.

Mit zu den schlimmsten Verbrechen der NS-Diktatur gehört die Ermordung Tausender behinderter Menschen durch das Euthanasieprogramm. Rassenhygiene (Eugenik) als Antwort auf die «Degeneration der Moderne» wurde zwar in der Zwischenkriegszeit weltweit diskutiert und auch in anderen Ländern in Form etwa von Massensterilisierungen praktiziert. Nirgendwo aber ging man so weit wie in Deutschland, wo seit Kriegsbeginn 1939 der aktiven Euthanasie ca. 200 000 Psychiatriepatienten zum Opfer fielen. Das Programm wurde in Thüringen v. a. in den Heilanstalten Blankenhain, Hildburghausen, Pfafferode und Stadtroda durchgeführt, wobei ca. 630 Patienten ums Leben kamen. Hinzu kam die «Kindereuthanasie» in Stadtroda. Dies korrespondierte mit den Bemühungen der Gauleitung, Thüringen u. a. mit dem sehr aktiven Landesamt für Rassewesen Karl Astels zum «Mustergau» für Rassenkunde und -hygiene zu entwickeln.

Im Gaugebiet Thüringen wohnten vor der «Machtergreifung» rund 4500 Juden in 37 Kultusgemeinden. Ihnen wurde schon seit August 1932 mit diversen Diskriminierungen bis hin zum Judenboykott vom Dezember 1932 das Leben schwer gemacht. Ab 1933 bemühte die Gauleitung sich auch in der «Judenfrage» hervorzutun. Der Centralverein deutscher Staatsbürger jüdischen Glaubens (CV) wurde bereits im März 1933 in Thüringen verboten, was wenig später als Vorbild für ein reichsweites Verbot diente. Für die «Arisierung» von Vermögenswerten galt die Enteignung der Suhler Simson-Werke 1935 als Präzedenzfall. Vom Judenboykott am 1. April 1933 über die Nürnberger Gesetze 1935, die «Reichskristallnacht» vom 9. November 1938 bis hin zu den Deportationen nach der Wannsee-Konferenz vom 20. Januar 1942 zieht sich die Spur der Entrechtung und Ermordung jüdischer Bürger. Nach dem Ende der NS-Diktatur lebten noch ganze 400 von ihnen in Thüringen. Das singuläre Verbrechen des Holocaust, die Vernichtung von rund sechs Millionen Juden, hat auch in Thüringen das jüdische Leben weitgehend ausgelöscht.

Am eindringlichsten manifestiert sich der verbrecherische Charakter der NS-Herrschaft im Konzentrationslager Buchenwald, ab 1937 eines der drei Großlager im Reich neben Dachau und Sachsenhausen. Diese Lager lösten das dichte Netz der kleineren, oft provisorischen Lager ab. Auch das KZ Buchenwald mit seiner großen SS-Besatzung gehörte zur Profilierung Thüringens als «Mustergau». Die Häftlinge waren zudem billige Arbeitskräfte, mit denen die Weimarer Bauvorhaben vorangetrieben und die Rüstungswirtschaft am Laufen gehalten wurde. 1943 ging das Gustloff-Werk II direkt neben dem Lager in Betrieb. Im Juli 1944 arbeiteten in den beiden Stiftungswerken fast 5000 KZ-Häftlinge neben gut 2000 Zwangsarbeitern und 1000 deutschen Arbeitern und Angestellten. Das KZ Buchenwald sollte 1945 in der Weltöffentlichkeit schlagartig zum Synonym des Mord- und Terrorortes in Deutschland werden. Unmittelbar nach der Befreiung am 11. April setzte eine intensive Presseberichterstattung der Amerikaner und Briten ein. Hochrangige Persönlichkeiten der Westalliierten, voran Oberbefehlshaber General Dwight D. Eisenhower, besuchten das Lager. Der fatale «Nachbar Buchenwald» (Jens Schley) mischte so dem strahlenden Bild der Kulturstadt Weimar düstere Töne bei. Jenes Lager, in dem rund 56000 Menschen ums Leben kamen, zeichnet für die viel zitierte Janusköpfigkeit des nationalen Erinnerungsortes Weimar verantwortlich.

Mit der Auslösung des Zweiten Weltkrieges am 1. September 1939 stürzte das Dritte Reich die Welt in die verheerendste Katastrophe der Geschichte. Besonders mit dem Ende der erfolgreichen «Blitzkriege» 1942/43 hatte Reichsverteidigungskommissar Sauckel in dem Thüringen umfassenden Wehrkreis IX mit Sitz in Kassel, ab 1942 im Gau Thüringen die «Heimatfront» zu organisieren. Er hatte die Folgen des 1943 verstärkt einsetzenden Luftkriegs sowie den wachsenden Mangel an Dingen des Lebensbedarfs zu bewältigen und gleichzeitig die Bevölkerung zum Durchhalten zu mobilisieren. Zwar verlor die «Endsieg»-Propaganda zunehmend ihre Wirkung, doch kam es nicht zu einem Aufstand gegen die NS-Herrschaft. Die anglo-amerikanischen Bombenangriffe kosteten etwa 20 000 Thüringer das Leben, einige Städte, besonders Nordhausen, Jena und Gera, wurden stark zerstört. Auch die Kämpfe zwischen der Wehrmacht und den am 1. April 1945 von Westen in Thüringen einrückenden Truppen der 3. US-Armee unter General George S. Patton kosteten noch zahlreiche Menschenleben, ehe am 16. April für Thüringen der Krieg beendet war.

Ob bzw. inwieweit Thüringen über den eigenen Anspruch hinaus tatsächlich so etwas wie ein «Mustergau» im Dritten Reich war, ist umstritten. Auch andere Gaue wie etwa Schleswig-Holstein verstanden sich als «Mustergau». Zweifellos gelang es aber dem ehrgeizigen Gauleiter Fritz Sauckel, sich in seinem schrittweise auf ganz Thüringen ausgeweiteten Machtbereich in vielerlei Hinsicht zu profilieren. Er stieg im März 1942 als Generalbevollmächtigter für den Arbeitseinsatz in ein ministerähnliches Führungsamt auf und gehörte endgültig zu den Wichtigsten unter Hitlers Helfern. Die rücksichtslose Rekrutierung von über fünf Millionen europäischen Zwangsarbeitern, überwiegend organisiert von Sauckels Mitarbeitern aus Thüringen, sollte den Kollaps der deutschen Kriegswirtschaft verhindern. Als «größter und grausamster Sklavenhalter seit den ägyptischen Pharaonen», so der amerikanische Chefankläger Robert H. Jackson, wurde Sauckel vom Nürnberger Militärtribunal 1946 zum Tode verurteilt und hingerichtet.

3. Land und Bezirke in der DDR

Mit der Kapitulation des Deutschen Reiches am 8. Mai 1945 endete der Zweite Weltkrieg in Europa. Die Macht im Land ging an die Siegermächte der Anti-Hitler-Koalition über. Deutschland wurde in vier Besatzungszonen geteilt, und die Gebiete östlich von Oder/Neiße wurden Polen und der Sowjetunion angegliedert. Da es zunächst keine gesamtdeutschen oder zonalen

Strukturen gab, spielten die Länder in den ersten Nachkriegs-
jahren eine wichtige Rolle. In dieser Zeit kam es zu einschneidenden Gebietsreformen, die bis heute die Länderstruktur der
Bundesrepublik prägen. Insbesondere die faktische Auflösung
Preußens, 1947 durch alliierten Kontrollratsbeschluss offiziell
besiegelt, machte den Weg für teils völlig neue Staatsgebilde frei.
So erfolgte, ähnlich wie in Hessen, auch in Thüringen 1945 der
letzte Schritt zum staatlichen Zusammenschluss. Dabei wurden
die historischen Verknüpfungen der preußischen Gebiete Thüringens im Rahmen der Provinz Sachsen, die nun Kern des neuen
Nachbarlandes Sachsen-Anhalt (Regierungsbezirke Magdeburg
und Merseburg, Land Anhalt) war, endgültig gelöst. Selbiges gilt
für die jahrhundertelange hessische bzw. preußische Enklave
Schmalkalden. Durch die Bildung der «Provinz Thüringen» entstand erstmals ein Staatsgebilde, das in etwa alle Gebiete des heutigen Freistaates umfasste. Zum Land Thüringen, dem ehemals
preußischen Regierungsbezirk Erfurt und dem Kreis Schmalkalden kamen noch amerikanisch besetzte Gebiete in Westsachsen
hinzu.

Im April 1945 übernahmen zunächst die einmarschierten US-
Truppen die Besatzungsherrschaft. Unter Führung einer amerikanischen Militärregierung arbeiteten die Verwaltungen weiter,
wobei belastete Führungskräfte und Staatsbedienstete ausge-
tauscht wurden. Als Besonderheit beim staatlichen Wiederaufbau
Thüringens ist die zentrale Rolle ehemaliger Buchenwald-Häft-
linge unter Führung von Hermann Brill zu betonen. Der SPD-
Parlamentarier und Staatsrat der Regierung Frölich 1921/23
wurde von der Besatzungsmacht mit dem Aufbau der Landesverwaltung beauftragt und bekleidete seit dem 9. Juni 1945 das
Amt eines Regierungspräsidenten der Provinz Thüringen. Brill
wollte die Zersplitterung der Arbeiterbewegung mit seinem Bund
demokratischer Sozialisten überwinden und strebte zusammen
mit bürgerlichen Politikern einen antifaschistisch-demokrati-
schen Neubeginn in Thüringen an. Größte Herausforderung
war der Kampf gegen die Not der Bevölkerung, um die Sicher-
stellung der Lebensmittelversorgung, Beschaffung von Wohn-
raum und Ingangsetzung der Wirtschaft. Verschärft wurde die

Lage noch durch den Zustrom von Flüchtlingen. Allein in Thüringen befanden sich im Sommer 1945 500 000 Flüchtlinge insbesondere aus den Ostgebieten, von denen viele hier eine neue Heimat finden sollten. Noch über Jahre hinweg beherrschten diese Probleme den Alltag der Menschen.

Entsprechend den Abmachungen der alliierten Kriegskonferenzen wechselten Anfang Juli 1945 die Besatzer, Thüringen kam zur sowjetischen Besatzungszone (SBZ). Die Sowjetische Militäradministration in Deutschland (SMAD, bis 1949) übertrug einer regionalen Militärregierung (SMATh) unter General Wassili Iwanowitsch Tschuikow und Iwan Sosonowitsch Kolesnitschenko die Hoheitsgewalt und stationierte die 8. Gardearmee im Land, die Stalingrad befreit hatte. In den folgenden Jahren wirkten sich die großen geopolitischen Veränderungen nachhaltig auf Thüringen aus. Die gegensätzlichen Interessen der Westmächte unter Führung der USA und der Sowjetunion führten bald in die Konfrontation des Kalten Krieges. Ergebnis der Blockbildung war u. a. die doppelte Staatsgründung 1949, als in den drei Westzonen die Bundesrepublik Deutschland und in der SBZ die Deutsche Demokratische Republik (DDR) entstanden. Die DDR, zu der Thüringen nun gehörte, wandelte sich schrittweise zum kommunistischen Satellitenstaat der Sowjetunion unter Führung der Sozialistischen Einheitspartei Deutschlands (SED). Auch in Thüringen wurden die demokratischen Ansätze zurückgedrängt und die sozioökonomischen Strukturen nach sowjetischem Modell grundlegend verändert. Hermann Brill war rasch entmachtet worden und an seiner Stelle der parteilose Geraer Oberbürgermeister Rudolf Paul (später SED) am 16. Juli 1945 zum Präsidenten des Landes Thüringen (2,8 Mio. Einwohner, 15 634 km² Fläche) berufen worden, das jetzt die zeitweise mitverwalteten Gebiete Sachsens abtrat. Die seit 1920 von Weimar ausgeübte Hauptstadtfunktion übernahm 1948 die jahrhundertelange «heimliche Hauptstadt» Erfurt.

Hatte die KPD Brills Pläne einer sozialistischen Einheitspartei zunächst abgelehnt, kam es im April 1946 unter gewandelten Vorzeichen zur Vereinigung von SPD und KPD zur SED. Bis 1948 lassen sich etwa im Vergleich mit Sachsen bei der begin-

nenden Umgestaltung des Landes Indizien für einen moderate-
ren «Thüringer Sonderweg» (Steffen Kachel) ausmachen, der an
die sozialistisch-linksdemokratische Reformpolitik der Weimarer Republik anknüpfte. Auf Druck der moskautreuen Führung
unter dem späteren Parteichef Walter Ulbricht (1950–1971)
wandelte sich die SED jedoch auch in Thüringen zur stalinisti-
schen Kaderpartei. Die 1945 gegründeten bürgerlichen Parteien
Christlich-Demokratische Union Deutschlands (CDU) und Li-
beral-Demokratische Partei Deutschlands (LDP) verloren bis
1948 ihre innere Selbstständigkeit, viele Funktionäre flüchteten
in den Westen. Ihr Einfluss in dem am 20. Oktober 1946 gewählten Landtag (SED 49,3%, LDP 28,5%, CDU 18,9%) und in der
von Rudolf Paul geführten Regierung schwand.

Nach der Flucht von Paul 1947 wurde mit Werner Eggerath
(SED) ein altgedienter Kommunist Ministerpräsident. Zusammen mit der 1948 gegründeten National-Demokratischen Partei
Deutschlands (NDPD) und der Demokratischen Bauernpartei
Deutschlands (DBD) sowie den Massenorganisationen bildeten
die Parteien bis 1989 einen «Block» unter Führung der SED, der
Einheitslisten zu den Wahlen aufstellte. Die Entnazifizierung, die
einen gesellschaftlichen Elitentausch mit sich brachte, wurde in
zunehmendem Maße auch zur Beseitigung politischer Gegner
missbraucht. Allein im sowjetischen Speziallager Nr. 2 im ehemaligen KZ Buchenwald waren von 1945 bis 1950 ca. 28 500 Menschen ohne rechtsstaatliches Verfahren interniert, von denen
mehr als 7000 aufgrund der Haftbedingungen ums Leben kamen.

Im Juli 1952 wurden mit der Einführung des «demokratischen Zentralismus» in der DDR die Länder faktisch aufgelöst
und Thüringen in die Bezirke Erfurt, Gera und Suhl geteilt. Im
Zuge der Länderauflösung kam es zu territorialen Korrekturen
und zu einer Verkleinerung der Landkreise, wobei Schmölln und
Altenburg an den Bezirk Leipzig und Artern an den Bezirk Halle
abgetreten werden mussten. Waren die Rechte der Länder schon
zuvor stark beschnitten worden, stellten die 15 Bezirke der DDR
nur noch reine Verwaltungseinheiten dar. Die Zerschlagung der
Länder war Teil des im Juli 1952 von Walter Ulbricht prokla-
mierten «Aufbaus des Sozialismus», der die Sowjetisierung in

Politik, Gesellschaft und Wirtschaft massiv beschleunigte. Ergebnis war der Volksaufstand gegen die SED-Herrschaft vom 17. Juni 1953, der in der ostthüringischen Wismut-Bergbauregion und in Jena wichtige Zentren hatte. Die Sowjetarmee schlug den Aufstand mit militärischen Mitteln nieder. In Thüringen wurden drei angebliche Rädelsführer standrechtlich erschossen, Hunderte Menschen zu langjährigen Haftstrafen verurteilt.

Ein Hauptproblem blieb der Massenexodus von über 2,6 Millionen DDR-Bürgern in den «Westen». Auch Tausende Thüringer, überwiegend junge und gut ausgebildete Menschen, verließen das Land. Dieser bedrohliche Substanzverlust wurde mit dem Bau der Berliner Mauer am 13. August 1961 unterbunden, in deren Schatten sich das SED-Regime allmählich zu stabilisieren begann. Die DDR schien sich unter dem neuen SED-Generalsekretär Erich Honecker (1971–1989) endgültig etabliert zu haben. Ein gewisser Wirtschaftsaufschwung, gemäßigtere Herrschaftsmethoden und internationale Anerkennung schienen untrügliche Signale. Die radikalen Veränderungen in der SBZ bzw. DDR, wie die Bodenreform 1945 und die anschließende Kollektivierung der Landwirtschaft, die Verstaatlichung von Industrie, Handel und Gewerbe mit Einführung einer zentralen Planwirtschaft und die totalitäre Ausrichtung des politisch-gesellschaftlichen Lebens, waren weitgehend abgeschlossen. Die 1971 verkündete «Einheit von Wirtschafts- und Sozialpolitik» zielte auf eine zufriedene Bevölkerung, die drängende Wohnungsfrage sollte mit riesigen Plattenbaugebieten gelöst werden. Mit einem groß angelegten Hochtechnologieprogramm versuchte die DDR, den Rückstand zur westlichen Welt aufzuholen. Hierfür wurde 1978 das Kombinat Mikroelektronik «Karl Marx» Erfurt gegründet, das zusammen mit den Kombinaten Carl Zeiss Jena und Robotron Dresden die industrielle Basis stellte. All diese ehrgeizigen sozial- und wirtschaftspolitischen Maßnahmen überstiegen jedoch die Möglichkeiten der DDR und führten geradewegs in den Staatsbankrott, der nur durch die bundesdeutschen Milliardenkredite 1983/84 verzögert werden konnte.

Die reiche Geschichts- und Kulturlandschaft Thüringen wurde auch von der SED aufgegriffen. Die Wartburg diente lange als

Symbol der propagierten deutschen Einheit und Weimar als Herzstück der Kulturnation, auf deren humanistisches Erbe man sich berief. 1953 wurden die Nationalen Forschungs- und Gedenkstätten der klassischen deutschen Literatur in Weimar (NFG), die heutige Klassik Stiftung Weimar, gegründet. Später integrierte man die mit solchen Erinnerungsorten verbundenen Themen in Erbe und Tradition einer sozialistischen DDR-Nation. Die für die öffentliche Erinnerungskultur maßgeblichen Museen und Gedenkstätten widmeten sich den progressiven Entwicklungen im Sinne des marxistischen Geschichtsbildes. Neben Gedenkstätten zur Arbeiterbewegung in Eisenach, Gotha und Erfurt ragen dabei besonders das Bauernkriegsmuseum in Mühlhausen und das 1989 eröffnete Bauernkriegspanorama mit dem gewaltigen Wandbild von Werner Tübke bei Bad Frankenhausen heraus. Hierbei rückte Thomas Müntzer zur großen Heldenfigur auf, während Luther klar in den Hintergrund trat und erst in den 1980er-Jahren wieder stärkere Beachtung fand. Die 1958 eröffnete Nationale Mahn- und Gedenkstätte Buchenwald besaß für den antifaschistischen Gründungsmythos der DDR zentrale Bedeutung. Sie konzentrierte sich auf den kommunistischen Widerstand, der als wichtige Legitimationsquelle der SED-Herrschaft diente. Erst nach 1990 konnte die Gedenkstätte Buchenwald ein ausgewogenes Ausstellungskonzept erarbeiten, das auch das bis dahin tabuisierte sowjetische Speziallager mit einbezog.

Die SED-Propaganda mit dem strahlenden Bild vom Sozialismus verfehlte zunehmend ihre Wirkung. Dazu trugen die totalitären Züge in Staat und Gesellschaft entscheidend bei, die im Alltag der Menschen nicht zu übersehen waren. Deutlichstes Symptom war der «antifaschistische Schutzwall» zur Bundesrepublik, an dem ca. 800 DDR-Bürger bei Fluchtversuchen ums Leben kamen. Die thüringischen Bezirke litten als südwestliche DDR-Randbezirke besonders unter dem inhumanen Grenzregime. Zwei große Zwangsumsiedlungsaktionen 1952 und 1961 vertrieben Tausende Menschen aus dem Grenzgebiet, in dem die verbleibenden Einwohner erhebliche Einschränkungen hinnehmen mussten. Das seit 1966 mit einer Betonmauer geteilte Dorf

Mödlareuth bei Hirschberg geriet als «Little Berlin» sogar zum Symbol der deutsch-deutschen Teilung. Unmittelbar an der Nahtstelle der Machtblöcke gelegen, stand Thüringen auch im Fokus der strategischen Planungen der Weltmächte. Die 51 000 Soldaten der sowjetischen 8. Gardearmee waren mit modernster Technik ausgerüstet und auf 143 Standorte im ganzen Land verteilt. Bei Geisa in der Rhön befand sich mit dem amerikanischen Beobachtungspunkt Point Alpha der «heißeste Punkt im Kalten Krieg». Der Stützpunkt lag im Zentrum der NATO-Verteidigungslinie «Fulda Gap» (Fuldaer Lücke), in der die NATO im Ernstfall die Invasion der Truppen des Warschauer Paktes erwartete.

Auch innenpolitisch herrschte in Thüringen ein besonders eisiges Klima. Symbolisiert wurde dies bis 1989 durch die im Gegensatz zu Hoffnungsträgern wie Hans Modrow in Dresden als Hardliner bekannten 1. Sekretäre der SED-Bezirksleitungen Gerhard Müller (Erfurt), Herbert Ziegenhahn (Gera) und Hans Albrecht (Suhl). Sie standen als Statthalter Honeckers auch für die Privilegienwirtschaft der regionalen Parteielite. Zugleich verbreitete das Ministerium für Staatssicherheit (MfS) mit seinen Bezirksverwaltungen Erfurt, Gera und Suhl in besonderem Maße jenes Klima der Angst und Verunsicherung, das über Jahrzehnte zum Machterhalt der Partei entscheidend beitrug. In den drei Bezirken arbeiteten 1989 rund 7000 hauptamtliche «Stasi»-Mitarbeiter und 19 000 Inoffizielle Mitarbeiter (IM).

Die thüringischen Bezirke, in denen es keine weltoffeneren Metropolen wie Berlin, Leipzig oder Dresden ab, gehörten nicht zu den spektakulären Zentren der friedlichen Revolution 1989. Dennoch regte sich auch hier wachsender Protest, erstmals deutlich erkennbar anlässlich der gefälschten Kommunalwahlen vom 7. Mai 1989. Die Wandlungen in anderen Ostblockstaaten, die im Sommer anschwellende Fluchtwelle über Ungarn sowie die BRD-Botschaften und schließlich die schizophrenen Feierlichkeiten zum 40. Republikgeburtstag am 7. Oktober mit schweren Ausschreitungen u. a. in Dresden und Berlin erzeugten eine Krisenstimmung, auf die die Parteiführung nur mit Polemik und Hilflosigkeit reagierte.

Es waren zum Teil auch regionale Probleme, die den Volkszorn herausforderten. In Erfurt ist etwa der geplante Abriss von Teilen der historischen Altstadt zu nennen. Die Meldungen von 110-prozentigen Planerfüllungen und gewonnenen «Ernteschlachten» kontrastierten hart mit den realen Erfahrungen im Alltag. Die teils bedrohlichen ökologischen Probleme, ein absolutes Tabuthema, schlugen sich in den Industriezentren mit Luftverschmutzung sowie in der industriell betriebenen Landwirtschaft mit Bodenerosion und ungeheuren Güllemengen nieder.

All dies führte 1989 zur Entstehung einer breit gefächerten Bürgerbewegung. Sie entwickelte ein konkreteres Politikverständnis als die bisherigen Oppositionskreise und begann sich fester zu organisieren. Lange Zeit wichtigste dieser Gruppen war das im September 1989 gegründete Neue Forum, daneben trat der Demokratische Aufbruch hervor. Ähnlich angelegt waren die Bürgerbewegung Demokratie Jetzt und die Grüne Partei. Die Sozialdemokratische Partei in der DDR (SDP) trat mit der Forderung nach repräsentativer Demokratie und sozialer Marktwirtschaft an. Eher eine Außenseiterrolle spielten die Vereinigte Linke und die Demokratisch-Soziale Union (DSU). Daneben gehörten auch die Blockparteien, die sich allmählich von der SED zu lösen begannen, zu den Akteuren der «Wende».

Traditioneller gesellschaftlicher Gegenpol zum SED-Staat war die Kirche. Eine besondere Bedeutung kam neben der eher passiv agierenden katholischen Minderheit, die sich auf ein «Überwintern» im Sozialismus eingestellt hatte, der evangelischen Kirche zu. Sie übernahm eine zentrale Rolle als Handlungsträgerin und als Obdach nichtkirchlicher Oppositionsgruppen, deren Aktivisten oft aus dem Umfeld der Kirche kamen. Hinzu traten lokale Bürgerbewegungen wie die heutige Universitätsgesellschaft in Erfurt, die nicht nur den Impuls für die Wiedergründung der Universität Erfurt 1994 gab, sondern die friedliche Revolution wesentlich mitgestaltete.

Ab September 1989 trat die «Wende»-Bewegung meist noch unter dem schützenden Dach der evangelischen Kirche ihren Weg in die Öffentlichkeit an und veranstaltete in vielen Städten und Gemeinden Informationsgottesdienste, Friedensgebete u. ä.

Von großer Signalwirkung war die Veranstaltung vor über 1000 Menschen in der Erfurter Augustinerkirche am 26. September. Am 9. Oktober verfolgten die meisten Thüringer die wegweisende Leipziger «Montagsdemo» mit ihren 70 000 friedlichen Demonstranten voll Hoffnung und gleichzeitig voll Furcht vor einer blutigen «Pekinger Lösung». Die Rufe «Wir sind das Volk!» rüttelten das ganze Land auf. Ab Ende Oktober fanden auch in Thüringen Massendemonstrationen statt, die in Erfurt ihr beeindruckendstes Ausmaß erreichten. Am 3. November erteilten 100 000 Menschen auf dem Domplatz der Führung von Partei und Staat eine deutliche Abfuhr. Große «Bürgerdialoge» konfrontierten die oft überforderten Machthaber mit kritischen Themen von Reisefreiheit und Umweltschutz bis hin zu den gefälschten Kommunalwahlen. Unter dem Druck der Öffentlichkeit sah sich die Partei veranlasst, führende Funktionsträger zurückzuziehen. Nachdem am 18. Oktober Erich Honecker zugunsten seines wenig überzeugenden Nachfolgers Egon Krenz als Parteichef zurückgetreten war, folgten zwischen 2. und 11. November die drei SED-Bezirkschefs. Die Partei verlor wichtige politisch-gesellschaftliche Positionen und die Mehrheit ihrer Mitglieder.

Der Mauerfall vom 9. November 1989 symbolisiert schließlich den Umbruch von der friedlichen Revolution in der DDR hin zur deutschen Wiedervereinigung. Thüringen profitierte nunmehr von seiner Grenzlage zur Bundesrepublik. Tausende Thüringer nutzten noch in der Nacht zum 10. November die neue Reisefreiheit zu einem Kurztrip in die benachbarten Bundesländer Niedersachsen, Hessen und Bayern. Rasch errichtete man 97 neue Grenzübergänge und stellte unterbrochene Straßenverbindungen wieder her. Für die vielen Thüringer, die eine Generation lang unter den Einschränkungen im Grenzgebiet vom Südharz und Eichsfeld über das Werratal, die Rhön bis hin zur Saale hatten leiden müssen, erfüllte sich damit eine zentrale Forderung der Wendezeit. Heute erinnern außer dem «Grünen Band» entlang der Landesgrenze nur noch wenige erhaltene Anlagen und Museen an das inhumane Grenzsystem und die Blockkonfrontation.

Im Lande selbst schritt die Demokratisierung voran. Im November begann die Phase des Übergangs zu einer «Doppelherrschaft». Dies äußerte sich zunächst in lokalen Bürgerkomitees und -initiativen. Am 7. Dezember 1989 wurde die Bürgerbeteiligung auf DDR-Ebene mit dem Runden Tisch in Berlin institutionalisiert, der bis zur Volkskammerwahl im März 1990 stark die Arbeit der seit 13. November 1989 amtierenden Regierung Hans Modrow (SED) beeinflusste. Nach seinem Vorbild wurde eine Vielzahl Runder Tische von den Bezirken bis hin zur kommunalen Ebene eingerichtet. Auch die letzte Bastion der alten Mächte, die «Stasi», wurde schließlich von mutigen Bürgern gestürmt. Erfurt erlebte hierbei mit der Besetzung der ersten MfS-Bezirksverwaltung am 4. Dezember ein Signalereignis von DDR-weiter Bedeutung. In den kommenden Tagen konnten fast alle Einrichtungen des MfS unter Kontrolle gebracht werden. Die Aufarbeitung der umfangreichen Hinterlassenschaften beschäftigt bis heute die Außenstellen der MfS-Unterlagenbehörde. Dokumentationszentren und Gedenkstätten in ehemaligen Einrichtungen erinnern an die Schreckensherrschaft des DDR-Geheimdienstes.

Die «Wende»-Aktionen signalisierten nun immer deutlicher die grundlegende Trendwende hin zu einer Einheitsbewegung. Ob Heiligenstädter Montagsdemo, Weimarer Dienstagsdemo, Erfurter Donnerstagsdemo oder Arnstädter Samstagsdemo – überall tauchten schwarz-rot-goldene Fahnen auf, wurde lautstark das «Deutschland, einig Vaterland» gefordert. Aktionen der Revolutionsaktivisten wie die Veranstaltung am 19. November auf dem Weimarer Theaterplatz «Freiheit – Gleichheit – Brüderlichkeit» sollten verhindern, dass «der begonnene aufrechte Gang der über vierzig Jahre gedemütigten DDR-Bürger im Reise- und Kaufrausch untergeht» (Christoph Victor). Sie konnten die Entwicklung freilich nicht stoppen, die Anziehungskraft des Westens und die von täglichen Negativmeldungen genährte Skepsis gegenüber einer erneuerten DDR waren zu stark. Die Hoffnungen auf D-Mark und «blühende Landschaften» in einer rasch vereinten Bundesrepublik, wie sie Bundeskanzler Helmut Kohl (CDU) versprach, gewannen die Oberhand.

Die Volkskammerwahl am 18. März 1990 sollte die Weichen für die weitere Entwicklung stellen. In den Wahlkampf wurde massiv von westlicher Seite eingegriffen. Die «Wende»-Demos wichen in vielen Städten separaten Wahlveranstaltungen der Parteien, bundesrepublikanische Spitzenpolitiker tourten durch die DDR. Nach dem klaren Sieg der «Allianz für Deutschland» aus CDU, DSU und Demokratischem Aufbruch, die eine fast absolute Mehrheit von 48 % der Wähler erzielte, steuerte die letzte DDR-Regierung unter Lothar de Maizière (CDU) in Richtung schnelle Einheit. Das Wahlergebnis hatte in seiner Deutlichkeit viele überrascht, wobei besonders das schlechte Abschneiden der SPD aufhorchen ließ. Das galt nicht zuletzt für Thüringen, traditionsreiche Hochburg der Sozialdemokratie. Hier fielen der Sieg der CDU (DDR-weit 40,8 %) und die Niederlage der SPD (DDR-weit 21,9 %) noch drastischer aus. Im Bezirk Erfurt erreichte die CDU 56,3 %, die SPD 18,7 %; im Bezirk Gera lautete das Verhältnis 48,9 % : 16,5 %, in Suhl 50,6 % : 16,1 %. Aber auch die PDS (DDR: 16,4 %, Erfurt: 9,9 %, Gera: 12,5 %, Suhl: 12,6 %), die Liberalen (DDR: 5,3 %, Erfurt: 4,5 %, Gera: 5, %, Suhl: 4,1 %) und das Bündnis 90 der Bürgerbewegten (DDR: 2,9 %, Erfurt: 1,8 %, Gera: 2,6 %, Suhl: 1,9 %) blieben teils deutlich unter dem Durchschnitt. Allein die Grünen (DDR: 2,0 %, Erfurt: 2,1 %, Gera: 2,0 %, Suhl: 2,3 %) bewegten sich etwas über dem enttäuschenden Gesamtergebnis. Die «Allianz» erreichte in den Bezirken Erfurt (60,7 %), Gera (58,8 %) und Suhl (60,5 %) klare absolute Mehrheiten. Der Südwesten der DDR gab damit ein deutliches Votum für die rasche Wiedervereinigung ab.

IX. Der Freistaat Thüringen seit 1990

Thüringen brachte der Prozess von friedlicher Revolution und Wiedervereinigung auch die Renaissance als politisch-administrative Einheit. 1989/90 stellt damit in der Landesgeschichte den vorerst letzten markanten Wendepunkt dar. Mit dem 3. Oktober

1990 konstituierte sich Thüringen als Bundesland aus den drei ehemaligen DDR-Bezirken Erfurt, Gera und Suhl. Hierbei gelangten auch die zum Bezirk Leipzig gehörenden Kreise Schmölln und Altenburg sowie das zu Halle gehörige Artern zum südwestlichen der «neuen» Länder. Mit 16 171 km² Fläche und 2,6 Mio. Einwohnern rangierte es unter den 16 Ländern der Bundesrepublik an elfter bzw. zehnter Stelle. Landeshauptstadt und Parlamentssitz wurde Erfurt.

Schon mit Beginn der Revolution waren erste Stimmen laut geworden, die 1952 aufgelösten Länder Mecklenburg, Brandenburg, Sachsen-Anhalt, Sachsen und Thüringen wiederzugründen. Das regionale Sonderbewusstsein der DDR-Bürger war auch nach fast vier Jahrzehnten noch immer ausgeprägt, während die 15 Bezirke nie eine tiefere identitätstiftende Kraft hatten entfalten können. Wissenschaftliche Umfragen ergaben, dass die landsmannschaftliche Geschlossenheit der Thüringer neben der der Sachsen und Brandenburger am stärksten ausgeprägt war. Mit dem deutlichen Umschwung der Stimmung hin zur Wiedervereinigung Deutschlands nach dem Mauerfall schien zudem die Angleichung an die föderalen Strukturen der Bundesrepublik immer mehr geboten. Die Regierung Modrow strebte zunächst nur eine Verwaltungsreform auf unterer Ebene an. Da der Druck der Öffentlichkeit jedoch immer stärker wurde, nahm am 18. Dezember eine Regierungskommission «Verwaltungsreform» beim Ministerrat der DDR ihre Arbeit auf. Aufgabe war die Vorbereitung der künftigen Länderstruktur. Sie führte die Arbeit auch nach der Volkskammerwahl vom 18. März 1990 unter der neuen Regierung de Maizière fort, die sich das Ziel einer «föderativen Republik» setzte. Nachdem zum 1. Juli 1990 bereits die Wirtschafts-, Währungs- und Sozialunion mit der Bundesrepublik in Kraft getreten war, nahm die Volkskammer am 22. Juli 1990 das Ländereinführungsgesetz an. Mit Vollzug der deutschen Einheit sollten die Bundesländer Mecklenburg-Vorpommern, Brandenburg, Sachsen, Sachsen-Anhalt und Thüringen auf dem Territorium der DDR ins Leben treten.

In den Diskussionen um die Wiedereinführung des Föderalismus stand trotz zahlreicher Alternativvorschläge die Bildung

dieser fünf bereits von 1945 bis 1952 existierenden Länder nie
ernsthaft in Frage. Lediglich eine Aufteilung von Sachsen-Anhalt wurde zeitweise erwogen. Dass die drei Südwestbezirke den
Kern Thüringens ausmachen würden, stand nicht zur Diskussion. Darüber hinaus hielt das Ländereinführungsgesetz schließlich fest: «Unter Beachtung der Ergebnisse der Bürgerbefragun-
gen beantragen [...] die Kreistage von Altenburg, Schmölln und
Artern die Kreiszuordnung zu Thüringen.» Besagte Bürgerbe-
fragungen hatten in Artern und Schmölln deutliche Mehrheiten
für Thüringen ergeben. Altenburg bildete dagegen neben Senf-
tenberg und Bad Liebenwerda einen Sonderfall, weil der Kreistag hier das Votum der Bürger korrigierte. Zwar stimmten bei
geringer Beteiligung (55,3 %) 53,8 % für Sachsen, der Kreistag
votierte jedoch mit 38 zu 25 Stimmen für Thüringen. Zahlreiche
Gemeinden in den Kreisen Naumburg, Weißenfels, Nebra und
Sangerhausen (alle Bezirk Halle), traditioneller thüringischer
Kulturraum, sprachen sich ebenfalls für die Angliederung an
Thüringen aus, was allerdings nicht in das Ländereinführungsgesetz einfloss. Auch in der Folgezeit blieben entsprechende Bemühungen der Bürgerinitiative Nordthüringen bis hin zur An-
rufung des Bundesverfassungsgerichts erfolglos. 16 Gemeinden
im thüringischen Vogtland durften sich dagegen Sachsen an-
schließen.

Parallel zu diesen strukturellen Entscheidungen ging die innere Landesgründung voran. Am 16. Mai trat statt eines ur-
sprünglich geplanten «Runden Tisches Thüringen» auf Initiative der CDU erstmals der Politisch-Beratende Ausschuss zur
Gründung des Landes Thüringen zusammen. Entsprechend dem
Abschneiden bei den Volkskammer- und Kommunalwahlen waren in diesem Ausschuss elf Parteien und Vereinigungen ver-
treten. Als Übergangsregelung setzte die DDR-Regierung nach
Auflösung der Bezirkstage zum 31. Mai 1990 Regierungsbevoll-
mächtigte in den Bezirken ein (Josef Duchač für Erfurt, Peter
Lindlau für Gera, Werner Ulbrich für Suhl, alle CDU). Im August
übernahm Duchač bis zur Konstituierung der ersten Landesregierung das Amt eines Landessprechers für die drei Bezirke.

Am 3. Oktober 1990 schließlich schlug die Geburtsstunde des

Bundeslandes Thüringen. Mit dem Beitritt der auf dem Territorium der DDR entstandenen Länder zum Geltungsbereich des Grundgesetzes wurde die Wiedervereinigung Deutschlands vollzogen. Thüringen war jetzt ein gleichberechtigter Teil der föderalen Bundesrepublik. Am 11. Oktober folgte die Unterzeichnung der Verträge zur Eingliederung der Kreise Artern, Altenburg und Schmölln durch deren Landräte, womit der im Ländereinführungsgesetz festgelegte Gebietsstand erreicht war. Die erste Landtagswahl am 14. Oktober sah die CDU als klaren Sieger unter den fünf Parteien, die den Sprung ins Parlament geschafft hatten (CDU 45,4%, SPD 22,8%, PDS 9,7%, FDP 9,3%, Neues Forum/Die Grünen/Demokratie Jetzt 6,5%). Der am 25. Oktober feierlich im Weimarer Nationaltheater konstituierte Landtag wählte am 8. November 1990 Josef Duchač zum Ministerpräsidenten einer CDU-FDP-Koalitionsregierung. Damit galt die Landesbildung staatsrechtlich als abgeschlossen.

Es folgten der Aufbau des parlamentarischen Fundaments, der Ministerien und einer funktionstüchtigen Landesverwaltung, oft mit Unterstützung aus den «alten» Bundesländern (besonders Hessen und Rheinland-Pfalz). Statt der in Sachsen und Sachsen-Anhalt geschaffenen Zwischeninstanz der Regierungsbezirke nahm das Landesverwaltungsamt in Weimar 1991 seine Geschäfte auf. Was noch ausstand, war die endgültige Beantwortung der Hauptstadtfrage. Schon der Politisch-Beratende Ausschuss hatte sich für Erfurt ausgesprochen, wo auch die neue Regierung ihren Sitz nahm. Aber erst die Entscheidung des Landtages über den Parlamentssitz sollte die Frage endgültig klären. Es bewarben sich Erfurt, Weimar, Jena, Gera und anfangs auch Nordhausen. Der «Wahlkampf» spitzte sich rasch auf ein Duell zwischen Erfurt und Weimar zu. Mit der Abstimmung vom 10. Januar 1991 wurde Erfurt zum Sitz des Thüringer Landtages und zur Landeshauptstadt erklärt.

Ebenfalls am 10. Januar 1991 verabschiedete der Landtag das Gesetz über die Hoheitszeichen Thüringens, die ein wesentliches Element der Eigenstaatlichkeit und Außendarstellung des Landes bilden. Neben den traditionellen Landesfarben Weiß und Rot greift das Wappen mit dem ludowingischen Löwen auf die

Tradition der Landgrafschaft Thüringen zurück, verarbeitet mit heraldischen Mitteln aber auch die jüngere Geschichte. Das Wappen zeigt in Blau einen goldgekrönten und bewehrten, achtfach von Rot und Silber quergestreiften Löwen, umgeben von acht silbernen Sternen. Die Sterne um den «Thüringer Löwen» stehen für die ehemaligen Kleinstaaten und die charakteristische «Einheit in der Vielfalt». Damit unterscheidet sich das Wappen vom ähnlichen Landeswappen Hessens, das ebenfalls auf die Tradition der Landgrafschaft Thüringen bzw. der nach dem thüringischen Erbfolgekrieg 1247/64 entstandenen Landgrafschaft Hessen zurückgreift. Der «Hessische Löwe» ist anders gestreift, ungekrönt und nicht von Sternen umgeben.

Dem ersten Landtag kam auch die Aufgabe zu, eine Verfassung zu verabschieden. Ein Verfassungsausschuss bereitete die Gesetzesvorlage vor, während in der Zwischenzeit eine Vorläufige Landessatzung die Arbeit von Parlament und Regierung regelte. Die Verfassungsentwürfe der fünf Landtagsfraktionen wurden zu einem Entwurf zusammengefasst und ab April 1993 Experten und der Öffentlichkeit zur Diskussion vorgelegt. Hierauf kam es noch zu Veränderungen, besonders zu der Bezeichnung des Landes als «Freistaat Thüringen» in Anknüpfung an die Tradition von 1920. In seiner 95. Sitzung am 25. Oktober 1993 verabschiedete der Thüringer Landtag feierlich auf der Wartburg mit Zweidrittelmehrheit der «Verfassungskoalition» aus CDU, SPD und FDP die Verfassung des Freistaats Thüringen. Endgültig in Kraft trat diese mit der Volksabstimmung (70,1% für die Verfassung) parallel zur zweiten Landtagswahl 1994. Thüringen bekam damit nach einem besonders intensiven Prozess als letztes «neues» Bundesland eine Verfassung. Der Landesbildungsprozess konnte als abgeschlossen gelten.

Nach den ersten demokratischen Wahlen 1990 kam es trotz durchgehend CDU-geführter Landesregierungen zu markanten Veränderungen im politischen Gefüge. Bei der Bundestagswahl im Oktober 1994 überwanden nur noch CDU (41,0%), SPD (30,2%) und PDS (17,2%) die Fünf-Prozent-Hürde. Auch im Thüringer Landtag befanden sich bis 2009 nur noch Fraktionen dieser drei Parteien, bei stetigem Aufstieg der PDS/Die Linke

(Wahl 1994: CDU 42,6%, SPD 29,6%, PDS 16,6%; Wahl 1999: CDU 51,0%, PDS 21,3%, SPD 18,5%; Wahl 2004: CDU 43,0%, PDS 26,1%, SPD 14,5%). Nach der CDU-FDP-Koalition seit 1990 regierte von 1994 bis 1999 eine Große Koalition aus CDU und SPD, von 1999 bis 2009 standen CDU-Alleinregierungen an der Spitze des Landes. Das Amt des Ministerpräsidenten bekleidete von 1992 bis 2003 Bernhard Vogel, von 2003 bis 2009 Dieter Althaus. Nach der Wahlniederlage 2009 (CDU 31,2%, Linke 27,4%, SPD 18,5%, FDP 7,6%, Grüne 6,2%) trat Althaus zurück und machte Platz für eine erneute CDU-SPD-Koalition mit Christine Lieberknecht (CDU) an der Spitze.

Die ökonomische und soziale Entwicklung Thüringens nach 1990 wurde in starkem Maße von den Problemen der zusammenbrechenden DDR-Planwirtschaft geprägt. Viele Städte und Regionen, die sich seit dem 19. Jahrhundert zu traditionsreichen Industriestandorten entwickelt hatten, erlitten einen durchgreifenden Prozess der Deindustrialisierung. Ganze Wirtschaftsbereiche wie der Kalibergbau im Norden und Südwesten Thüringens gingen fast vollständig unter. Daran konnten auch Aktionen wie Besetzung und Hungerstreik im Kaliwerk Bischofferode 1993, die unter dem Motto «Bischofferode ist überall» für großes Aufsehen gesorgt hatten, nichts ändern. Leistungsfähige industrielle Kerne, wie die optische Industrie in Jena, der Automobilbau in Eisenach oder die Zukunftstechnologien (Solar, Mikroelektronik, Biotechnologie) im Dreieck Jena–Erfurt–Ilmenau, und neue mittelständische Unternehmen konnten den Arbeitsplatzverlust quantitativ nicht ausgleichen. So beschäftigte das 1991 geschlossene Automobilwerk Eisenach (AWE), Hersteller des Pkw «Wartburg», vor 1989 fast 10 000 Mitarbeiter, im 1992 eröffneten neuen Werk von Opel sind es rund 1800. Bis auf wenige Ausnahmen, wie die 1991 aus dem VEB Kombinat Carl Zeiss hervorgegangene Jenoptik AG in Jena, sind keine Zentralen großer Unternehmen oder Konzerne in Thüringen ansässig.

In ihrer Bedeutung gestiegen sind demgegenüber der Dienstleistungssektor und der vor 1990 ebenfalls staatlich gelenkte Tourismus. Besonders der Städte- und Kulturtourismus ist zu einem wichtigen Wirtschaftsfaktor geworden. Hinzu kommen

Reisen in die landschaftlich reizvollen Regionen wie den Thüringer Wald mit dem von Herbert Roth in der «heimlichen Landeshymne» besungenen Höhenweg Rennsteig. Auch der öffentliche Dienst und die dichte Hochschullandschaft mit der Friedrich-Schiller-Universität Jena, Universität Erfurt, Bauhaus-Universität Weimar, Technischen Universität Ilmenau, Hochschule für Musik Franz Liszt Weimar sowie den Fachhochschulen Nordhausen, Erfurt, Jena und Schmalkalden spielen eine wichtige Rolle. Die Landwirtschaft mit einer Reihe größerer und mittlerer Unternehmen, die oft aus ehemaligen Produktionsgenossenschaften (LPG) hervorgegangen sind, und spezialisierten Kleinbetrieben konnte sich zusammen mit der Lebensmittelindustrie relativ erfolgreich auf dem Markt behaupten. Sie liefern auch zwei der bekanntesten Markenzeichen des Landes, den Thüringer Kloß und die Thüringer Rostbratwurst.

Wichtige Weichen für die Zukunft wurden mit den Verkehrsprojekten Deutsche Einheit und dem Ausbau des 1989 überwiegend maroden regionalen Verkehrsnetzes gestellt. Damit konnte die wiedergewonnene Mittellage Thüringens in Deutschland und Europa als natürlicher Standortvorteil auch infrastrukturell untermauert werden. Neben dem Ausbau bestehender Autobahnen entstand mit der A71/73 (Sangerhausen–Schweinfurt/Coburg) eine völlig neue Nord-Süd-Trasse durch das thüringische Kernland. Besonders der Abschnitt südlich des Erfurter Kreuzes («Thüringer-Wald-Autobahn») stellt u. a. mit dem längsten Straßentunnel Deutschlands, dem 7916 Meter langen Rennsteigtunnel, ein ingenieurtechnisches Meisterwerk dar. Bis 2017 soll als wichtigstes Schienenprojekt die ICE-Verbindung Berlin–München über Erfurt als Teil eines europäischen Schnellstreckennetzes fertiggestellt werden. In der Landeshauptstadt Erfurt und in Altenburg wurden bestehende Anlagen zu modernen Flughäfen ausgebaut.

Trotz dieser positiven Ansätze blieb aufgrund des Verlustes großer Teile der gewachsenen Wirtschaftsstrukturen insbesondere im industriellen Bereich das Bruttoinlandsprodukt in Thüringen 2009 nur bei ca. 75 % des Bundesdurchschnitts. Auch lag die Arbeitslosenquote Ende 2009 mit 10,2 % nach wie vor deutlich über dem Bundesdurchschnitt von 7,8%. Unmittelbar mit dem Mauerfall hatte ein Abwanderungsprozess in die Bundesrepublik bzw. die «alten» Bundesländer eingesetzt. Besonders junge, gut ausgebildete Menschen wurden von den besseren Arbeits- und Lebensbedingungen im Westen angezogen. Verstärkt durch den drastischen Geburtenrückgang und weitere demografische Faktoren ging die Einwohnerzahl auf dem Territorium des heutigen Freistaats von gut 2,7 Mio. (1988) auf 2,2 Mio. (2009) zurück. Prognosen kündigen einen weiteren Bevölkerungsrückgang und Anstieg des Altersdurchschnitts an, was besonders die strukturschwachen und ländlichen Regionen treffen wird.

Bei all diesen Problemen wurde im Freistaat Thüringen seit der deutschen Einheit viel erreicht und rangiert dieser in mancher Hinsicht zumal unter den «neuen» Ländern mit ganz vorn. Schon auf den ersten Blick machen dies die sanierten historischen Städte und Gemeinden, die wirtschaftlichen «Leuchttürme» oder die moderne Infrastruktur deutlich. Der Freistaat kann sich bei seinen Bemühungen um Identitätsstiftung und erfolgreiche Außendarstellung auf eine Reihe von Standortvorteilen und Markenzeichen stützen. In «Deutschlands Mitte» bündeln sich nicht nur wichtige europäische Verkehrswege. Hier verbindet sich eine von den UNESCO-Welterbestätten Weimar (1998) und Wartburg (1999) überragte, einmalig dichte Geschichts- und Kulturlandschaft mit den natürlichen Reizen des «grünen Herzen Deutschlands», mit Zukunftstechnologien und einer modernen Hochschullandschaft.

Anhang

Literatur

Castritius, Helmut / Geuenich, Dieter / Werner, Matthias (Hg.): Die Frühzeit der Thüringer. Archäologie, Sprache, Geschichte. Berlin/New York 2009.

Dušek, Sigrid (Hg.): Ur- und Frühgeschichte Thüringens. Ergebnisse archäologischer Forschung in Text und Bild. Stuttgart 1999.

Ehrlich, Lothar / Schmidt, Georg (Hg.): Ereignis Weimar-Jena. Gesellschaft und Kultur um 1800 im internationalen Kontext. Köln/Weimar/Wien 2008.

Eißing, Stephanie, u. a. (Hg.): Georg Dehio Handbuch der deutschen Kunstdenkmäler. Thüringen. München ²2003.

Frank, Jördis / Scheurmann, Konrad (Hg.): Neu entdeckt. Thüringen – Land der Residenzen 1485–1918. 3 Bde. Mainz 2004.

Greiling, Werner: Presse und Öffentlichkeit in Thüringen. Mediale Verdichtung und kommunikative Vernetzung im 18. und 19. Jahrhundert. Köln/Weimar/Wien 2003.

Hahn, Hans-Werner / Greiling, Werner (Hg.): Die Revolution 1848/49 in Thüringen. Aktionsräume – Handlungsebenen – Wirkungen. Rudolstadt/Jena 1998.

Heiden, Detlev / Mai, Gunther (Hg.): Nationalsozialismus in Thüringen. Köln/Weimar/Wien 1995.

John, Jürgen (Hg.): Kleinstaaten und Kultur in Thüringen vom 16. bis 20. Jahrhundert. Weimar/Köln/Wien 1994.

John, Jürgen / Jonscher, Reinhard / Mestrup, Heinz / Stelzner, Axel: Geschichte in Daten. Thüringen. München/Berlin 1995.

Jonscher, Reinhard / Schilling, Willy: Kleine thüringische Geschichte. Jena ⁴2005.

Patze, Hans / Schlesinger, Walter (Hg.): Geschichte Thüringens. 6 Bde. Köln/Wien 1967–1984.

Patze, Hans (Hg.): Handbuch der historischen Stätten. Bd. 9. Thüringen. Stuttgart ²1989.

Raßloff, Steffen: Thüringen. Ein historischer Überblick. Erfurt 2004.

Schmitt, Karl / Oppelland, Torsten (Hg.): Parteien in Thüringen. Ein Handbuch. Düsseldorf 2008.

Schmitt, Karl (Hg.): Thüringen. Eine politische Landeskunde. Köln/Weimar/Wien 1996.

Stelzner, Axel: Tabellen zur Geschichte Thüringens. Erfurt ²1993.

Thüringen-Handbuch. Territorium, Verfassung, Parlament, Regierung und Verwaltung in Thüringen 1920 bis 1995. Weimar 1999.

Vom Königreich der Thüringer zum Freistaat Thüringen. Erfurt 1999.

Werner, Matthias (Hg.): Im Spannungsfeld von Wissenschaft und Politik. 150 Jahre Landesgeschichtsforschung in Thüringen. Köln/Weimar/Wien 2005 *(mit Forschungsberichten und ausführlichen Literaturhinweisen)*.

Zeitschrift für Thüringische Geschichte (seit 1852).

Personenregister

Abkürzungen: Fst. = Fürst/-in; Gf. = Graf/Gräfin; Ghz. = Großherzog/-in; Hz. = Herzog/-in; Ks. = Kaiser; Kf. = Kurfürst; Kg. = König/-in; Lgf. = Landgraf/-gräfin; Mgf. = Markgraf/-gräfin

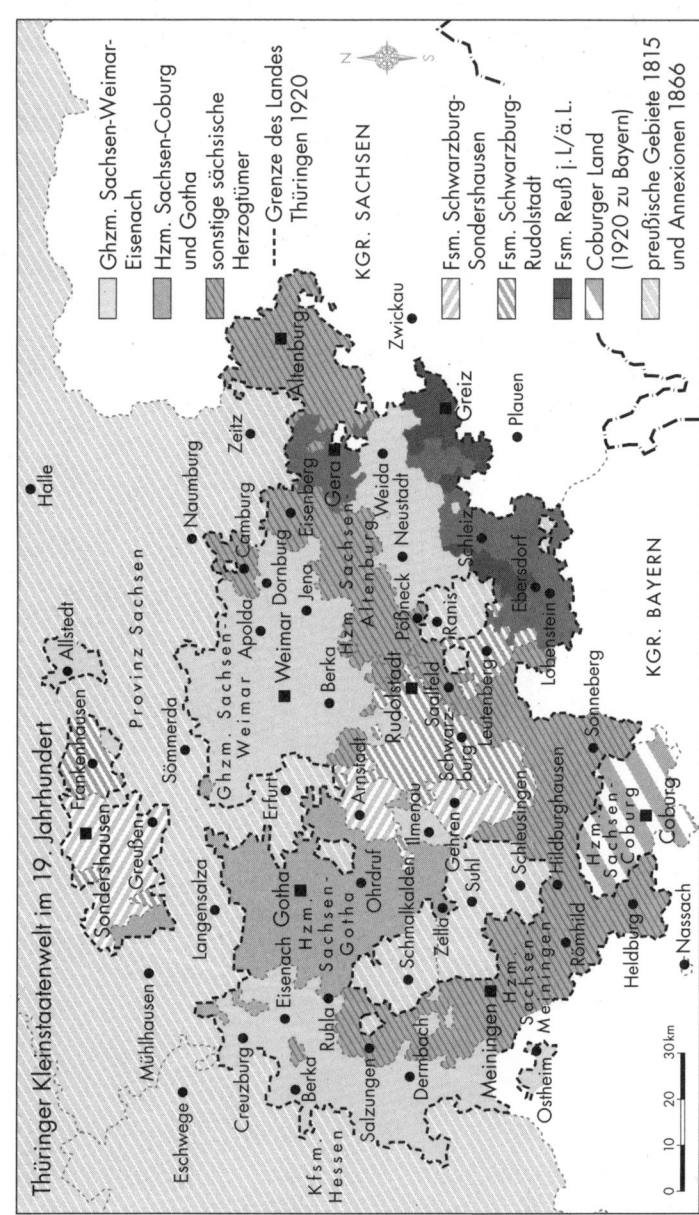

Thüringer Kleinstaatenwelt im 19. Jahrhundert

Ghzm. Sachsen-Weimar-Eisenach
Hzm. Sachsen-Coburg und Gotha
sonstige sächsische Herzogtümer
Grenze des Landes Thüringen 1920

Fsm. Schwarzburg-Sondershausen
Fsm. Schwarzburg-Rudolstadt
Fsm. Reuß j; L/ä. L.
Coburger Land (1920 zu Bayern)
preußische Gebiete 1815 und Annexionen 1866

KGR. SACHSEN

KGR. BAYERN

Halle
Eschwege
Mühlhausen
Allstedt
Frankenhausen
Sondershausen
Greußen
Zwickau
Altenburg
Greiz
Plauen
Naumburg
Zeitz
Sömmerda
Provinz Sachsen
Langensalza
Camburg
Eisenberg
Gera
Weida
Creuzburg
Berka
Ruhla
Eisenach
Gotha
Dornburg
Apolda
Weimar
Jena
Hzm. Sachsen-
Weimar-
Eisenach
Berka
Altenburg
Pößneck
Neustadt
Schleiz
Ebersdorf
Lobenstein
Erfurt
Ohrdruf
Arnstadt
Ilmenau
Rudolstadt
Ranis
Saalfeld
Schwarz-
burg
Leutenberg
Schmalkalden
Zella
Suhl
Gehren
Kfsm.
Hessen
Salzungen
Dermbach
Meiningen
Hzm.
Sachsen-
Meiningen
Schleusingen
Hildburghausen
Römhild
Heldburg
Coburg
Sonneberg
Hzm.
Sachsen-
Coburg
Nassach
Ostheim

N

30 km
0 10 20

KGR. SACHSEN
KGR. BAYERN

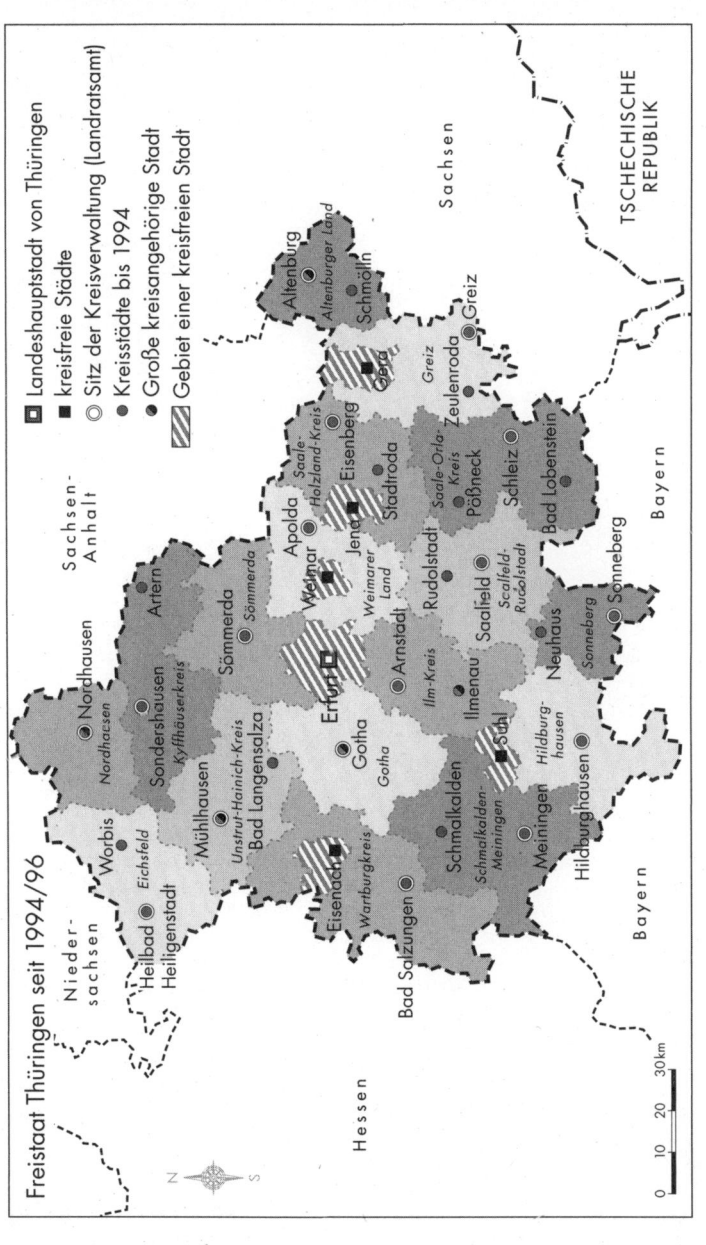

Freistaat Thüringen seit 1994/96

- ☐ Landeshauptstadt von Thüringen
- ■ kreisfreie Städte
- ◎ Sitz der Kreisverwaltung (Landratsamt)
- ◉ Kreisstädte bis 1994
- ● Große kreisangehörige Stadt
- ▨ Gebiet einer kreisfreien Stadt

Niedersachsen

Sachsen-Anhalt

Sachsen

Hessen

Bayern

TSCHECHISCHE REPUBLIK

Heilbad Heiligenstadt
Eichsfeld
Worbis
Nordhausen
Nordhausen
Artern
Sondershausen
Kyffhäuserkreis
Mühlhausen
Unstrut-Hainich-Kreis
Bad Langensalza
Sömmerda
Sömmerda
Apolda
Weimarer Land
Weimar
Jena
Eisenberg
Saale-Holzland-Kreis
Altenburg
Altenburger Land
Schmölln
Greiz
Gera
Stadtroda
Zeulenroda
Greiz
Erfurt
Gotha
Gotha
Arnstadt
Ilm-Kreis
Rudolstadt
Saalfeld
Saalfeld-Rudolstadt
Pößneck
Saale-Orla-Kreis
Schleiz
Bad Lobenstein
Eisenach
Wartburgkreis
Bad Salzungen
Schmalkalden
Schmalkalden-Meiningen
Suhl
Ilmenau
Meiningen
Hildburghausen
Hildburghausen
Neuhaus
Sonneberg
Sonneberg

0   10   20   30 km

Zeittafel

350 000 v. Chr.	älteste Funde menschlicher Zivilisation bei Bilzingsleben (Altsteinzeit)
30 000 v. Chr.	Auftreten des Homo sapiens sapiens (Jetztmenschen)
5500 v. Chr.	Beginn von Ackerbau und Viehzucht in der Jungsteinzeit
1600 v. Chr.	«Himmelsscheibe von Nebra»
800 v. Chr.	Beginn der Eisenzeit (Kelten im Süden, Germanen im Norden)
seit 1. Jh. v. Chr.	germanische Besiedelung, Hermunduren in Thüringen
seit Mitte des 4. Jh.	Herausbildung des Stammes der Thüringer
395	schriftliche Ersterwähnung der «Toringi» bei Vegetius Renatus
zweite Hälfte des 5. Jh.	Herausbildung des Thüringer Königreiches
531/34	Untergang des Reiches im Kampf gegen die Franken
6.–9. Jh.	Thüringen Teil des fränkischen Reiches
10. Jh.	Kernraum der ottonischen Königsherrschaft im entstehenden deutschen Reich
11./12. Jh.	unter salischen und staufischen Königen weitgehender Rückzug der Reichsmacht
1131–1247	Landgrafschaft Thüringen der Ludowinger
1247/64	Thüringischer Erbfolgekrieg (östliche Landgrafschaft geht an wettinische Markgrafen von Meißen, im Westen Entstehung der Landgrafschaft Hessen)
13.–15. Jh.	Machtausbau der Wettiner, daneben Behauptung der Schwarzburger, Reußen und Henneberger, des Mainzer Erzbischofs, der Reichsstädte Mühlhausen und Nordhausen sowie der autonomen Metropole Erfurt
1423	Belehnung der Wettiner mit der Kurfürstenwürde (Herzogtum Sachsen-Wittenberg)
1485	Leipziger Teilung (dauerhafte Spaltung der Wettiner in ernestinische [thüringische] und albertinische [sächsische] Linie)
1485–1547	ernestinisches Kurfürstentum mit Thüringen, Kernland der Reformation

1547	Ernestiner verlieren im Schmalkaldischen Krieg 1546/47 Kurwürde an Albertiner
seit 16. Jh.	Ausbildung der neuzeitlichen Kleinstaatenwelt (Ernestiner, Schwarzburger, Reußen, Henneberger [bis 1583], Mainz [1664 Unterwerfung Erfurts], Mühlhausen, Nordhausen)
16.–18.Jh.	frühneuzeitliches «Kulturland Thüringen» (Luther und Reformation, Fruchtbringende Gesellschaft, Bach, «Goethezeit» bzw. «Ereignis Weimar-Jena»)
1814/15	Wiener Kongress, Erhalt der ernestinischen, schwarzburgischen und reußischen Kleinstaaten, übrige Gebiete gehen an das Königreich Preußen
19. Jh.	Thüringen Hochburg von Nationalbewegung, Liberalismus und Sozialdemokratie
1848/49	Märzrevolution und erste nachdrückliche Einigungsbestrebungen für Thüringen
1871	Gründung des Deutschen Reiches mit acht thüringischen Kleinstaaten als Bundesmitgliedern (S.-Weimar-Eisenach, S.-Coburg und Gotha, S.-Meiningen, S.-Altenburg, Schw.-Sondershausen, Schw.-Rudolstadt, Reuß ä.L., Reuß j.L.)
1918/19	Tagung der Nationalversammlung in Weimar mit Verabschiedung der Verfassung der Weimarer Republik
1. Mai 1920	Gründung des Freistaates Thüringen aus den Kleinstaaten (Hauptstadt Weimar), preußisches Thüringen mit Erfurt schließt sich nicht an
1933–1945	Drittes Reich, «Muster-Gauleiter» Fritz Sauckel dehnt Macht auf ganz Thüringen aus (Land und preußische Gebiete)
April 1945	Befreiung durch US-Truppen, Juli 1945 Besatzerwechsel durch Rote Armee
1945–1952	Land Thüringen in der Sowjetischen Besatzungszone bzw. DDR (1949)
1952–1990	Bezirke Erfurt, Gera und Suhl in der DDR
1989/90	friedliche Revolution und Landesgründungsphase
3. Oktober 1990	Gründung des Bundeslandes Thüringen im wiedervereinten Deutschland
1993	Verabschiedung einer Landesverfassung für den Freistaat Thüringen

Stadtgeschichten

Richard Bauer
Geschichte Münchens
Vom Mittelalter bis zur Gegenwart
Sonderausgabe
2008. 237 Seiten mit 88 Abbildungen, davon 53 in Farbe.
Gebunden

Martin Schieber
Geschichte Nürnbergs
Mitautoren: Martina Mittenhuber, Alexander Schmidt
und Bernd Windsheimer
2007. 191 Seiten mit 62 Abbildungen,
davon 33 in Farbe, und 4 Stadtpläne. Gebunden

Peter-Michael Hahn
Geschichte Potsdams
Von den Anfängen bis zur Gegenwart
2003. 160 Seiten mit 49 Abbildungen,
davon 25 in Farbe, und 2 Karten. Klappenbroschur

Olaf B. Rader
Kleine Geschichte Dresdens
2005. 192 Seiten mit 64 Abbildungen, davon 28 in Farbe,
sowie 2 Karten. Gebunden

Bernd Roeck
Geschichte Augsburgs
2005. 221 Seiten mit 60 Abbildungen, davon 41 in Farbe.
Gebunden

Martin Schieber
Erlangen
Eine illustrierte Geschichte der Stadt
2002. 142 Seiten mit 62 Abbildungen,
davon 26 in Farbe, und 2 Stadtplänen. Klappenbroschur

Geschichte der Bundesländer
in C.H.Beck Wissen